advaita media

OM C. Parkin
Zorn – Der Kampf gegen die Wirklichkeit

Die spirituelle Dimension des Enneagramms
Trilogie Band 2
(Band 1: Angst – Die Flucht aus der Wirklichkeit)

Originalausgabe
advaitaMedia – Weisheit aus der Stille
Am Gutspark 1
D-23996 Saunstorf
info@advaitamedia.com
www.advaitamedia.com

Die Herausgabe dieses Buches wurde
durch die finanzielle Unterstützung von Norbert Karden ermöglicht.

Mit Beiträgen von Ulrike Porep und Gerd Schweitzer
Lektorat: Dr. Rüdiger Porep
Umschlagsgestaltung: Christoph Konradi
Satz: Katja Dorow-Schwart
Coverbild: SAFA TUNCEL, Pixabay
Druck & Bindung: C. H. Beck

1. Auflage 2020

Bibliografische Information der Deutschen Nationalbibliothek.
Die Deutsche Nationalbibliothek verzeichnet diese Publikation in der Deutschen Nationalbibliografie; detaillierte bibliografische Daten sind im Internet über http://dnb.d-nb.de abrufbar.

ISBN 978-3-936718-58-4

Die spirituelle Dimension des Enneagramms

Eine Trilogie
Band 2

OM C. Parkin

Zorn

Der Kampf gegen die Wirklichkeit

advaita media

Inhalt

Vorwort

*„Ein Leben ohne die Fixierung im Zorn
fließt mit der Wirklichkeit."*
OM C. Parkin

Dieser zweite Band der Trilogie aus den spirituellen Lehren des Enneagramms ist der Kraft des Zorns gewidmet. Diese göttlich-natürliche Kraft der Zerstörung und des Todes wird jedoch, wenn sie von der persönlichen Ich-Welt eines Menschen vereinnahmt wird, zu einem großen Hindernis für den Zugang zur REALITÄT. Die schicksalhafte Verirrung des Menschen in den Ego-Zorn wird hier präzise verdeutlicht, genauso klar wird der Weg zurück zur wahren Quelle der (göttlichen) Zorneskraft über Gehorsam zur Demut dargelegt.

Das Buch beginnt mit einer kurzen Einführung in die sogenannten Zornfixierungen aus dem Enneagramm der Charakterfixierungen, die den Zugang zum weiteren Inhalt erleichtert. Der Bericht eines Schülers des inneren Weges, der mit einem Schuss Humor von seinem alltäglichen Kampf mit dem Zorn berichtet, illustriert die (scheinbar äußere) innere Welt eines im Zorn fixierten Menschen.

Im darauf folgenden zentralen Essay betrachtet OM C. Parkin Zorn aus der Sicht der Weisheitslehre. Hinter dem Begriff Zorn verbirgt sich ein umfassendes geistiges System, welches sich beständig gegen die Realität bewegt. Seine Ausführungen öffnen auch den Weg aus diesem geistigen System heraus: Erkenntnis führt aus dem vom Zorngeist geschaffenen Gefängnis.

Den zweiten Teil des Buches bilden Ausschnitte aus Darshans des spirituellen Lehrers OM C. Parkin aus den letzten 25 Jahren. Diese die zwölf Facetten des Ego-Zorns spiegelnden erleuchtenden Gespräche mit Schülern öffnen die Augen für verschiedene leidvolle Aspekte der Welt der Zornfixierung – und ihre Verwandlung.
Hilfreich für das tiefere Verständnis der Inhalte dieses 2. Bandes der Trilogie – und deshalb empfohlen – ist das Studium auch des 1. Bandes mit dem Titel ‚Angst – Die Flucht aus der Wirklichkeit'.

Dieses Buch möchte die elementaren Wirkkräfte des SEINs, die erschaffenden, die erhaltenden und hier besonders die zerstörenden Kräfte, jenseits der hier ausführlich in die Sichtbarkeit gehobenen Beschränkungen eines denkenden Geistes offenbaren. So wünsche ich allen ein fruchtbares Studium.

Dr. Rüdiger Porep
Gut Saunstorf, im Juli 2020

Einführung

von Ulrike Porep

„Jedermann kann zornig werden. Das geht leicht. Aber der richtigen Person gegenüber zornig werden, im richtigen Maß, zur rechten Zeit, zum rechten Zweck und auf die richtige Weise – das liegt nicht in der Macht des einzelnen."

Aristoteles

Fixierung im Zorn als Hindernis auf dem Weg der Selbsterkenntnis

Im ersten Band der spirituellen Trilogie zu den drei emotionalen Grundkräften des Enneagramms haben wir uns mit der Kraft der Angst befasst. Wie behindert das angstfixierte Ich die Entfaltung des menschlichen Potenzials? Wie kann Angst als reine Energie freiwerden und dem natürlichen Fluss der Wandlung und Entfaltung zur Verfügung stehen?

In diesem zweiten Band geht es um die Kraft des Zorns.

Dazu noch einmal eine kurze Einführung in das Enneagramm, das als Kosmologie, als geistiges Modell universeller Prinzipien verstanden werden kann. In der Inneren Arbeit dient das Enneagramm als Spiegel der Seele. Es zeigt das Potenzial menschlicher Entwicklung und die Hindernisse auf dem Weg der Entfaltung auf.

Im Enneagramm der Charakterfixierung (s. Abbildung) werden durch 9 Punkte auf einem Kreis die inneren Standpunkte des ich-fixierten Menschen symbolisiert. Jedes Ich hat sich aus der Einheit getrennt und verfolgt seine selbstsüchtigen Ziele. Der Standpunkt auf dem Kreis steht für eine eigene geistige Welt, in der der ich-fixierte, also im Ego gefangene Mensch, sich bewegt. Er weiß nicht, was er tut, der Antrieb ist im Unbewussten verschwunden. Wie der Geist Angst als Antrieb benutzt, wie er ausweicht und flüchtet, das wurde im 1. Band dieser Trilogie behandelt. Dabei ging es um das in den Punkten 5, 6, 7 fixierte Ich, also die Angstfixierungen.

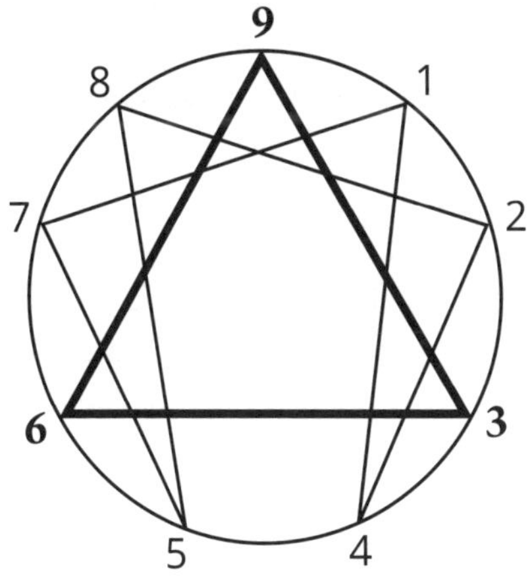

Abbildung 1:

Die neun Enneatypen (Punkt 1 bis 9)

Die zweite Kraft, die uns im inneren Dreieck des Enneagramms gespiegelt wird, ist die Kraft des Zorns. Dieser Kraft ist dieser zweite Band zu den emotionalen Grundkräften des Enneagramms der Charakterfixierungen gewidmet.

Wir erinnern uns an die drei Kräfte, die den natürlichen Wandel aller Seins-Formen bewirken:

- Die Kraft der Geburt (Entstehen, Schöpfung)
- Die Kraft der Erhaltung (Bewahren, den Weg gehen)
- Die Kraft der Zerstörung (Vergehen, Tod)

Jede Erscheinung ist diesen drei Kräften unterworfen und damit ständigem Wandel. Diesem Wandel widersetzt sich der menschliche Geist, das Ich, durch drei Bewegungen:

- Hin (zu etwas scheinbar Besserem)
- Weg (von etwas scheinbar Bedrohlichem)
- Gegen (etwas scheinbar überwältigend Machtvolles)

Die Kraft des Zorns ist eine zerstörerische Kraft. Sie zerstört, was aus der Sicht eines höheren Willens, des göttlichen Willens, ein Ende haben muss. Die Kraft des Zorns, verbunden mit Weisheit, beendet zu gegebener Zeit jede Erscheinungsform.

Gefühle, Gedanken, physische Erscheinungsformen – alles hat einen Anfang, eine Lebensdauer und findet ein Ende. Das ist das Gesetz des lebendigen Kreislaufs der Kräfte: Geburt, Leben, Tod. Die Kraft der Angst ist die Kraft der Erhaltung, in den Händen eines Ichs (also in den Händen des Eigenwillens) wird Angst als Flucht vor der Realität der Vergänglichkeit benutzt. Die Kraft des Zorns, die Kraft der Zerstörung, die Kraft des Todes, wird in der Besitznahme durch das Ego zu einem destruktiven Machtwunsch, der Macht des Widerwillens.

Die Ego-fixierte Kraft des Zorns hat viele Gesichter. Es geht um den Machtwunsch, der sich dann im natürlichen Aufstieg der Energie im Laufe der menschlichen

Individual-Entwicklung in die beiden oberen Zentren von Intelligenz verfeinert in den Wunsch nach Macht über die Liebe (Herzzentrum) und im Mentalzentrum in den Wunsch nach geistiger Überlegenheit (Rechthaberei, Besserwisserei). Im unteren Energie-Zentrum, dem Bauchzentrum, wandelt sich durch Fixierung der instinktive körperliche Überlebenswille in einen Wunsch nach einem bequemen Leben in körperlichen Wohl-Gefühlen.

Die fixierte Kraft des Zorns wird nun vom Ich, vom Ego, als Gegenkraft gegen das Leben genutzt. „Ich bin dagegen!" sagt das Ich. Wogegen denn? Gegen alles, was ‚Ich' nicht unter Kontrolle habe und das Wohlgefühl bedroht. **Dieses Ich leistet zornigen Widerstand gegen das, was ist.** Es glaubt, das Leben nach seinem eigenen Willen beherrschen zu können. Eigenwille und Unwille sind Ausdruck dieser fixierten geistigen Haltung.

Das Ich, das in dieser Kraft fixiert ist, ist *körperfixiert*. Die Kraft ist im Bauchzentrum gestaut und kann nur sehr begrenzt aufsteigen in die höheren Zentren von Intelligenz das Emotionalzentrum und das Mentalzentrum. Auch diese übergeordneten Zentren werden vom Eigenwillen besetzt und so dem Machtwunsch unterworfen.

Im Zentrum des Machtwunsches steht die Fixierung Nummer 9 (der Enneatyp 9), und erstaunlicherweise ist hier zunächst wenig offener Zorn sichtbar. Das Nein, das Dagegensein äußert sich beim Kind vielleicht noch in trotzig-offenem Widerstand, wandelt sich dann aber im Laufe der Begegnung mit begrenzenden Erwachsenen oder anderen begrenzenden Kräften in eine blinde Form von Anpassung an das, was die (äußere) Macht hat. Diese Anpassung ist jedoch immer unterlegt mit verborgenem zornigem Widerstand, der sich nun ausdrückt in passivem Widerstand und Unterlassung von Handlung, wo diese angemessen ist. Die Leidenschaft, das Gift der Bequemlichkeit, beginnt zu wirken. Der von diesem Gift befallene Mensch möchte am liebsten nur noch seine Ruhe, ein konfliktfreies Dasein, Harmonie und körperlich-geistiges Wohlbefinden. Dazu müssen innere Regungen und Impulse, die den Frieden der Anpassung stören könnten, unterdrückt und betäubt werden, und so kommt es zu einem dumpfen maschinenhaften Funktionieren. Der Mensch fällt in den Schlaf der Unbewusstheit. Er wird ein ‚guter Mensch'. Eine eigene Meinung gibt es nicht mehr, erst bei genauerem Hinschauen zeigt sich ein stures Festhalten am Gewohnten, eine Weigerung, den Herausforderungen zu begegnen und sich weiterzubewegen.

Das Leben im Enneatyp 9 wird bestimmt von dauerhafter Verweigerung kraftvollen Ausdrucks in Handlung. Gefühle werden nur verschwommen wahrgenommen, geistige Interessen und Unterscheidungsvermögen verkümmern. So wird aus einem lebendig-eigenwilligen Kind ein angepasster Erwachsener, der vergessen hat, dass es ihn überhaupt als kraftvolles Wesen gibt. So verweigert er das Menschsein, weiß es aber selber nicht.

In der Angst scheinen wir das *Opfer* zu sein, das Opfer von Bedrohung, das Opfer potenzieller Feinde. Den Zorn fürchten wir, weil er uns zum *Täter* macht. Die Kraft des Zorns, wenn sie vom Ich benutzt wird, tritt in Handlung und wird dadurch äußerlich sichtbar: als offene Gewalt, als laute Rechthaberei, als Kampf. Innerlich zeigt sich die Ich-besetzte Kraft von Zorn als Machtwunsch und wird meist verheimlicht. Zorn, das ist NEIN, Nein zum Leben, Nein zu dem, was ist. Widerstand.

Das Über-Ich versucht, den zornigen Machtwunsch unter Kontrolle zu halten. Es sagt Nein zum Nein. Das macht die Sache schlimmer. In der Zusammenarbeit zwischen einem Ich, das bestimmen will, aber auch Konflikten und Unannehmlichkeiten aus dem Wege gehen will, und dem Über-Ich, das sich als ‚guter Mensch' präsentieren möchte, entsteht Anpassung und Scheinheiligkeit. So wird der zornig-kraftvolle Machtwunsch unterdrückt. Das Nein verlagert sich von außen nach innen, der Mensch sagt nein zu sich selbst, zum ‚Bösen' in sich. Die ursprünglich reine Lebenskraft des Zorns wird durch Kontrolle geknebelt, soll möglichst ganz verschwinden – oder sie wird vom Ich ausgelebt, gerechtfertigt als Verbot und Moral, also scheinbar im Dienst des Guten.

In der 1er-Fixierung (Enneatyp 1) geht es um die Rechtfertigung des Zorns, um Selbstgerechtigkeit. Das Ich maßt sich an zu wissen, was richtig und was falsch ist, es fühlt sich als Richter, seine Sprache ist die des Rechts. Verbote, Moral, Regeln und Vorschriften – das alles entspringt dem zornigen Gedanken: ‚Ich weiß, was rechtens ist'. Dieses Ich möchte alles geradebiegen, was ihm krumm erscheint, unvollkommen eben. Eine Idee von Vollkommenheit leitet ihn zu selbstgerechten Urteilen an. Hier ist Perfektionismus und Zwanghaftigkeit zu Hause, ein rigides inneres Ordnungssystem, das nicht in Frage gestellt werden darf. Die Orientierung an diesen Ordnungsprinzipien verspricht Orientierung im Chaos der Kräfte und zügelt vor allem die Kraft des Zornes, der sonst unvorhersehbar ausbrechen und zerstören könnte. Dieses Ich ist zorngeladen und möchte ausbrechen. Die Konzentration auf Fehler und Mängel rechtfertigt Zornausbrüche, Zornentladungen, die eine Verschwendung lebendiger Lebenskraft sind und nicht einer intelligenten Entwicklung, in die die natürliche Kraft des Zorns eingebunden ist, dienen.

In der Fixierung Nummer 8 (Enneatyp 8) finden wir offenen Missbrauch der Kraft des Zorns. Hier geht es vor allem um die Vermeidung der Ohnmacht und Schwäche. In der Entfaltung dieser Fixierung finden wir kindliche Geschichten von Gewalterfahrung, körperlichen Missbrauch durch die Eltern, frühe Notwendigkeit, sich zu wehren und zu kämpfen. Oft ging es dabei um reines Überleben.

Als Erwachsener wird dieses Ich glauben, es gehe immer darum, sich zu behaupten und stark zu sein. Offener Kampf um Recht und gegen Unrecht bestimmt das Leben. Dieses Ich möchte sich ein Leben lang rächen für erlittenes Unrecht. In der Logik des 8er-Denkens liegt Schuld immer auf der Seite der Übermächtigen. Sich wehren verkörpert die reine Unschuld, und von dieser ist er oberflächlich überzeugt.

Tief verborgen liegt in diesem Geist die Überzeugung der eigenen Schuld. Das Kind fühlte sich im Grunde schuldig für die Übergriffe und Gewalt, die ihm angetan wurden. Aus der Sicht des Opfers nutzt der Enneatyp 8 nun die Kraft des Zorns für den gerechten Ausgleich, nicht nur für sich selbst, sondern auch für andere, die in seinen Augen ebenfalls Opfer der Übermacht anderer sind. Wenn es gerecht zugehen soll in der Welt, dann ist Gewalt eben das einzige, was die rechten Verhältnisse herstellen kann. Der Enneatyp 8 beansprucht für sich ein lustvolles Leben. Maßlosigkeit und Gewissenlosigkeit bestimmen sein Handeln. Die Aneignung der Kraft des Zorns lassen ihn machtvoll das durchsetzen, was er als Ausgleich für erlittenes Unrecht beansprucht.

Auf dem inneren Weg geht es nicht um *Vermeidung* von Zorn und Selbstverbesserung, sondern um *Einsicht* in die Fehlhaltung des Ichs. Der Eigenwille verrennt sich in stures Festhalten am Nein, das Ich tritt den Kampf gegen das Leben an und verliert immer, früher oder später. Es geht darum, sich einer höheren Macht zu beugen – in der Bereitschaft zu Liebe und Wahrheit.

Der alltägliche Kampf mit dem Zorn

Bericht aus dem Leben eines ‚Ennea-Typ 8' von Gerd Schweitzer

1

Wer ihn unvoreingenommen kennenlernt, wird ihn möglicherweise für einen lebenserfahrenen, freundlichen und herzlich humorvollen alten Mann halten. Auch ein manchmal mürrischer, aber doch nicht unsympathischer Grantler könnte eine mögliche Wahrnehmung seiner Persönlichkeit sein. Er ist noch freiberuflich und beratend unterwegs, und wenn er es denn zuließe, könnte man auch guten privaten Umgang mit ihm pflegen. Zurückgezogen lebt er, außerordentlich gern verheiratet, im Einzelhaus mit Garten. Den Zornbolzen in ihm, den er in gewisser Weise wie einen Schutzschild pflegt, können nicht Eingeweihte schwerlich erkennen. Seinen oft unbändigen Zorn, den er selbst kaum beschreiben kann, versteht er dank langer Übung geschickt hinter der Fassade eines lieben Onkels oder eines harmlosen Pensionärs geschickt zu tarnen.

Er fragt sich manchmal schon, ob es ihm wohl besser anstünde, diese abgrundtiefe, in ihm immer wieder hochschießende Wut angemessener zu bändigen. Immerhin ist er ja schon in der Lage, eine mit Spaghetti gefüllte Schüssel samt Tomatensoße nicht gegen die Wand im Wohnzimmer zu schmeißen, wie er es vor vielen Jahren tat, als er sich im Überlebenskampf ausgebremst fühlte. Auch muss er einen ihn frustrierenden Menschen längst nicht mehr vor die Tür bitten, um eine kontroverse Angelegenheit mit Körperkraft zu regeln. Diese Zorneskraft aber vollständig hinzunehmen, ohne dabei nach irgend einer spektakulären Ausdrucksform (im Außen oder im Innen) zu greifen, möglicherweise sogar STILL damit zu sein, ist für ihn eine unmögliche, absolut lustfeindliche und somit untaugliche Perspektive.

Als er sich kürzlich an der offenen Tür des Wandschranks in der Küche schmerzhaft gestoßen hatte, hatte er die Schranktür, zur Revanche, bereits blitzschnell in festen Händen. Dem Impuls zorniger Entladung – totaler Angriff gegen den zum Feind gewordenen Schrank – konnte er aber widerstehen und die Tür und den Schrank da belassen, wohin sie gehörten. In Scharnier und Verankerung. Diese letztlich bewusst richtige Entscheidung hat Zerstörung verhindert, unangemessen lautstarke Äußerungen (Flüche) fanden kurz noch weiter statt.
Entscheidungen zugunsten eruptiver Entladungen haben so gut wie immer viel Aufwand nach sich gezogen. Die Reste von Spaghetti mit Tomatensoße von der Wand zu kratzen war kein Kinderspiel und lästig die Wand dann neu zu tapezieren war noch lästiger. Eingetretene Türen oder von der Wand gerissene Schränke wieder in Funktion zu festigen (oder gar neu anzuschaffen), war noch dazu kostspielig, noch arbeitsaufwendiger, also noch lästiger.
Dennoch, damit das klar ist, an NICHTS anhaften, STILL sein, mag für Milchknaben und verweichlichte Typen erstrebenswert sein. Diese Spaßverderber und

nutzlosen Weicheier straft er mit Verachtung, zumindest sind sie allemal langweilige Zeitgenossen. Beachtet gefälligst: Wo ich bin ist vorn. Und wenn ich hinten bin, ist hinten vorn. Seine unumstößliche Devise.

2

Den Zorn hält er für nützlich. Er hat ihn gegen Angreifer, erkorene Feinde und andere Kontrahenten mehr oder weniger geschützt. Diese Art von Zorn liegt ihm im Blut, mit ihm hat er überlebt – als Nachkriegskind und einziger Spross einer proletarischen Familie. In einem stark industriell geprägten Stadtteil aufgewachsen, in dem bis in die 60er Jahre hinein raue Sitten herrschten, sahen sensible Gemüter sehr alt aus. Seine Gewöhnung an diese Umwelt erfolgte auf dem Schulhof und auf der Straße, auf denen oft körperliche Gewalt herrschte. Sein Elternhaus war, wie schon gesagt, proletarisch und seine Erziehung, in materiell bester Geborgenheit, war denn auch keineswegs zimperlich. Der aus Angst vor dieser Gewalt geborene Zorn wurde als Selbstverteidigung (auch im Sprachstil) zu seiner Waffe und hat daher immer schon sein Leben bestimmt.

3

Erst vor kurzem wäre es durch ihn fast zum Eklat in einer Bücherhalle gekommen. Sein Auftritt war so publikumswirksam, dass der Wachdienst vom Leiter dieser Einrichtung zur Hilfe herbei gerufen wurde. Er hatte sich ziemlichen Ärger eingehandelt, und hätte er nicht noch eben die Kurve gekriegt, wäre es für ihn wohl übel ausgegangen. Und das trug sich so zu: Es hatte ihn nach einem ganz bestimmten Roman vom Günter Grass verlangt, den die Provinzbibliothek seines Wohnortes aber nicht vorrätig hatte. Schon mit leichtem Unmut folgte er der Empfehlung der dortigen Bibliothekarin, über den Fluss in eine der nächstliegenden Bücherhallen der Stadt zu fahren, wo er mit Sicherheit fündig werden würde. Auf der Fahrt in die Stadt von irgendeinem Lackaffen im BMW verkehrswidrig geschnitten zu werden, versetzte ihn schon so in Rage, dass er in seinem Opel wie ein Wahnsinniger herumbrüllte und eine unbändige Lust bekam, diesen Typen auszubremsen, aus dem Wagen zu ziehen und ihm in die Fresse zu schlagen. Durch Umleitungen, die ebenfalls grenzwertigen Langmut einforderten, gelangte er dann endlich ans Ziel.

Zunächst wieder entspannt dann in der Bücherhalle aufgelaufen, wollte er an einem der Kunden-PCs nach dem Standort des Buches forschen, fand aber alle Geräte von Kund*innen* besetzt. Warten zu müssen nervte bereits, dem Impuls sich einen Platz zu erstreiten, folgte er dennoch nicht. Er hätte natürlich den Raum mit den vielen Regalen selbst durchforschen können, was ihm aber zu aufwendig erschien. So steuerte er zielstrebig einen Schreibtisch vor der Romanabteilung an, um Orientierung zu erbitten. Ein Schild mit Namen und Funktion wies den dahinter Sitzenden, den ein Buch lesenden Mann mittleren Alters, als Leiter der Dienststelle aus. Auf ihn wirkte dieser Mann, langhaarig mit grauem Spitzbart und im Rollkragenpullover, verstaubt, verkopft und energetisch abweisend. Durch den Spitzbart getriggert, belegte er ihn mit dem Namen ‚Ziegenkopf'.

Er wartete zunächst geduldig vor dessen Schreibtisch, wartete also darauf, von diesem Menschen beachtet oder wenigstens wahrgenommen zu werden, doch der las ohne aufzublicken weiter. Nun machte er sich durch forsches Räuspern bemerkbar. Der Ziegenkopf blickte endlich auf, und er brachte, durchaus friedlich-freundlich gesinnt, sein Anliegen vor. Wo, in welchen Räumen, in welchem Regal fände er den ersehnten Grass´schen Roman? Dafür gibt es die KundenPCs, antwortete ihm der Ziegenkopf. Die sind alle besetzt, sagte er. Ob er wohl mal kurz in seinem PC nachschauen könnte. Er fühlte Zorn aufsteigen und wies auf den PC auf dem Schreibtisch. „Oder ist der nur für Ihre Videospiele?"

Er war jetzt sicht- und spürbar im Groll, aber der Ziegenkopf entsprach jetzt endlich seiner Bitte. Freundlichkeit hätte zu nichts geführt, dachte er und fühlte sich bestärkt. Der Ziegenkopf sah nach und stellte fest, dass dieser Roman vorrätig ist, aber noch für drei Wochen ausgeliehen war. Ohne sich für die Auskunft zu bedanken, wandte er sich ab.

4

Zunächst stöberte er lustlos in einem Regal mit Neuerscheinungen und beschloss dann, den Grass´schen Roman vorzubestellen. Er wandte sich an die Information, an der sich jetzt bei der Datenerfassung herausstellte, dass der Jahresbeitrag fällig wäre. Da er zu wenig Bargeld mitführte, verwies ihn die Angestellte an einen Kassenapparat, der EC-Karten annahm. Aber alle Bemühungen, seine Karte einzuführen, scheiterten. Zorn kochte hoch, und nach mehreren Versuchen gab er auf und schaute sich nach Hilfe um. Hilfe schien zu nahen, als eine sehr füllige kleine Angestellte in körperengem auberginefarbenem Kleid aus einem Büro gleich neben dem Kassenapparat herauskam, die er, bevor sie an ihm vorbeieilen konnte, rasch ansprach und um Unterstützung bat.

Die Frau, auf dem Etikett als Kundenbetreuung ausgewiesen, erwies sich keineswegs als unterstützend. Im Gegenteil vermittelte sie den Eindruck, als würde sie von ihm unzumutbar belästigt. Dennoch riss sie ihm die EC Karte fast aus der Hand und wandte sich forsch dem Kassenapparat zu. Er folgte ihr zähneknirschend. Er war wütend wegen dieser wenig kundenfreundlichen Behandlung, blieb aber äußerlich noch beherrscht. Doch eine tiefe Verachtung nahm dafür in seinen Gedanken jetzt Raum: Was bildet sich diese kleine dicke ‚Grützwurst' (so sah sie aus!) ein? Diese unattraktive und mürrische Frau, dem Aussehen nach wahrscheinlich ohne einen Partner, wahrscheinlich mega-frustiert, weil hoffnungslos untervögelt.

In seinem Körper stieg Wut mit Lust zum Ausagieren auf, die aber hier zurückgehalten werden musste, was in seiner Gemütslage immer noch schwierig war. Nachgeben wäre für ihn ein immenser Imageverlust, irgendwie müsste er der Grützwurst noch seine Überlegenheit beweisen. Ihr eine saftige Schelle verpassen, das wär's jetzt gewesen! Er brauchte dringend irgendein Ventil.

Im Bemühen um die Kontrolle, nicht auszuflippen, hatte er nicht mehr mitbekommen, dass durch die Grützwurst die Angelegenheit derweil geregelt war. Vorwurfsvoll plappernd über das, was er offensichtlich falsch gemacht hatte, wurde er nun von ihr aufgefordert die PIN einzugeben. Er tippte die PIN ein, alles klappte. Die Grützwurst wandte sich ab und ging. **Tschüss, du Sau! – hörte er sich sagen.** Nicht leise, in sich hineingesprochen, aber auch nicht in den Raum gebrüllt. Aber klar und deutlich und für alle in der Halle hörbar.

5

Die Atmosphäre im Raum veränderte sich jetzt schlagartig. Eine tiefe Stille war plötzlich eingetreten. Menschen, die in Regalen stöberten, am PC saßen oder in den Nischen lasen, die Angestellten an den Infotischen, allesamt hielten in ihren Tätigkeiten inne, schienen wie gelähmt. Seine Worte standen im Raum und klangen in ihm fühlbar nach, er fühlte sich einerseits gut, andererseits hatte er das Gefühl, sich zu weit vorgewagt zu haben. Die Grützwurst, die schon fast hinter dem Kassenautomat verschwunden war, stand betroffen und fast aufgelöst wieder vor ihm. In die Stille hinein sagte sie, dass sie sich so etwas nicht sagen lassen müsste. Dabei wirkte sie nicht zornig, eher wehleidig und anklagend.

Wieder veränderte sich die Atmosphäre daraufhin schlagartig. Jetzt aber mit einer erwachenden und langsam anschwellenden Empörung. Er war plötzlich umzingelt von aufgebrachten Menschen, und er registrierte verwundert, dass es außer dem Ziegenkopf ausschließlich Frauen waren. Wie hinter einer Mauer weiblicher Körper sicher geborgen, ragte der Ziegenkopf hervor, während er sich im Inneren des empörten Frauenkreises befand. Die Grützwurst bekam jetzt solidarische Zustimmung in lautstarken Bekundungen. „Flegelhaft und unverschämt, das muss man sich nicht bieten lassen", waren einige der vielen Äußerungen. Frauen unterschiedlicher Jahrgänge und in unterschiedlichen Stimmlagen gaben ihren Unmut kund. Der Aufstand um ihn herum reichte ihm jetzt. Er wollte fortgehen. Als er betont langsam dem Ausgang zustrebte, hörte er, wie die Frauen jetzt auf den Ziegenkopf einredeten. „Wachdienst rufen und Hausverbot im Center erteilen", damit wollten die Frauen Leitungspräsenz zur Sühne der Untat einfordern.

Auf den Wachdienst hatte er absolut keine Lust.

6

Der Wachmann kam die Rolltreppe hoch, gerade als er hinunter zum Ausgang wollte. Laute Rufe von Frauen auf der Balustrade, die erregt auf ihn hinwiesen, machten den Wachmann auf ihn aufmerksam. Er blieb vor der Rolltreppe stehen. Gern hätte er die Begegnung vermieden, aber jetzt war es besser, sich zu ergeben. Der Wachmann war ein stämmiger Mann mit freundlichem Gesicht und wahrscheinlich türkischer Abstammung. Er reagierte anders, als von ihm befürchtet, und das erstaunte und beeindruckte ihn. Ohne militanten Zugriff nahm er ihn ruhig beiseite und aus der Reichweite des Stromes neugierig stehengebliebener Passanten. Er forderte ihn auf, ihm erst einmal seine Version des Vorfalls zu schildern, zu dem er gerufen worden war. Er hielt es jetzt rein taktisch für angebracht, dem Wachmann gegenüber Reue vorzutäuschen. Nachdem er aufmerksam zugehört hatte, fragte ihn der Wachmann, ob er mit ihm wieder hineingehen und sich für seinen Ausfall entschuldigen wolle. Ohne Widerstand war er dazu bereit.

In Begleitung des Wachmanns stand er dann wieder vor der erwartungsvoll versammelten Frauenschar, vor der Grützwurst und dem Ziegenkopf. Seine Entschuldigung kam ihm, ehrlich wirkend, über die Lippen. Als er in Augenkontakt mit der Grützwurst auch ihren Anteil ansprach, nickte diese sogar zustimmend. Sie sei heute auch sehr gestresst gewesen. Mit Handschlag verabschiedete man sich und der Ziegenkopf nahm sein Hausverbot zurück.

7

Vorm Center gelüstete es ihn nach all diesen Turbulenzen nach einem Bierchen, und so strebte er zügig einer Eckkneipe zu, die er aus alten Zeiten kannte. Die innere Stimme, die ihn vor Alkoholgenuss warnte, überhörte er. Er wäre wohl allemal noch dazu in der Lage, nach einigen wenigen Bierchen mit den natürlich dazu gehörenden Doppelkörnern, seinen Opel sicher zurück über den Fluss zu lenken.

Er erwachte am nächsten Morgen mit heftigen Kopfschmerzen auf dem Sofa seines Wohnzimmers und hatte keine Ahnung, wie er dahingekommen war. Seine Frau war stinksauer. Einen starken Kaffee bekam er, trotz demütiger Bitte, diesmal nicht von ihr serviert. Dafür klingelte die Polizei an der Tür. Ob ihnen der lädierte Opel Corsa gehören würde, der quer vor der Einfahrt des Nachbarn abgestellt worden war …

Physisches Bewusstsein und fixierter Zorn

von OM C. Parkin

Der im physischen Körper gefangene Mensch

„Den äußeren Geräuschen und körperlichen Sinneswahrnehmungen preisgegeben", „nicht in der Lage, aus dem gewöhnlichen Bewusstsein aus eigenem Antrieb herauszugelangen", „die ganze Neigung des Wesens vom Yoga abgewandt – all das trifft unverkennbar für das *physische Bewusstsein* zu. Im Physischen sind es Trägheit, Finsternis und Unfähigkeit, die aufkommen, sowie die Hartnäckigkeit dieser Dinge. Das einzige, was man tun kann, ist, hartnäckiger als die physische Trägheit zu sein – eine stete Beharrlichkeit ohne irgendwelches rastloses Ringen – selbst in diesem harten Fels des Widerstandes."[1] Sri Aurobindo war einer der größten Weisheitslehrer des letzten Jahrhunderts, der den Erwachensweg des Menschen in der Lehre des *integralen Yoga* vermittelte. Der *integrale Yoga* ist kein bestimmter Yoga-Weg und auch keine bestimmte Methode des Yoga, sondern nach Aurobindo die Synthese des Yoga, der drei großen spirituellen Wege des Menschen: Die Wege des selbstlosen Handelns, der Liebe und des wahren Wissens: Karma Yoga, Bhakti Yoga und Jnana Yoga.

Laut dieser Lehre kennt das Bewusstsein durch die menschliche Form drei Stufen der Gefangenschaft, die im *Enneagramm der Charakterfixierungen* auch *Fixierungen* bzw. *Fixierungsebenen* genannt werden: Die Gefangenschaft durch die Identifikation mit dem physischen Körper, mit dem feinstofflichen Körper oder auch Emotionalkörper, und mit dem Mentalkörper, dem denkenden Geist im engeren Sinne. Die niederste Form dieser Verschmelzungen beschreibt den unbewusst abgestiegenen, den *tamasischen*[2] Menschen, der sein Selbst in der Körperwelt sucht, um dort von jener resistenten, aufstiegs- und generell wandlungs-unwilligen Trägheit der Masse heimgesucht zu werden, die dieser niederen Ebene des Daseins zu eigen ist. Dementsprechend ist sein begrenztes Bewusstsein primär auf die Befriedigung körperlicher Begehrlichkeiten ausgerichtet und das, was seine ‚Realität' ausmacht, ist die Welt der Dinge, das Handgreifliche, das Konkrete, das, was von seinen Körpersinnen erfasst werden kann. („Was ich anfassen kann, das ist real.") Sitzt man mit ihm zu Tisch, ist das alles umspannende Gesprächsthema die genussoptimierte Zubereitung der Speisen, was nur von jenen Beisitzern des physischen Bewusstseins vorübergehend ignoriert wird, die gerade wieder dabei sind, ihre übliche Fastenkur, Nahrungsumstellung oder sonstige körperliche Reinigungsmaßnahmen durchzuführen. Auch aus dem Urlaub erhält man von ihm Fotos vorzüglich angerichteter, regionaler Spezialitäten, deren Verzehr die Hochzeit seines Tagesablaufs bildet. („Wenn ich esse, dann bin ich glücklich.") Seine ganze Leidenschaft gilt der Befriedigung seiner Sinneslust, wofür er fälschlicherweise den Begriff ‚Erfahrung'[3] verwendet, sowie der Beschäftigung mit oder Anhäufung von Objekten aus der Welt der Dinge, was häufig auch zur fleischlichen Anhäufung an verschiedenen Orten seines eigenen Körpers führt. „Es ist der Trieb, haben zu wollen, zu konsumieren, sich mit sinnlichen Empfindungen zu tränken und zu sättigen", schreibt Sandra Maitri.[4]

Zuweilen zeigt seine lustbetonte Befriedigungskultur ihre dunkle Seite und sein Geist beginnt, sich um die Krankheiten des älter werdenden und im Verfall begriffenen Körpers zu drehen, ihre Ursachen (die stets in der Körperwelt gesucht werden), ihre todbringenden Potenziale, ihre Linderung oder Eliminierung, was sich ebenfalls zu einer zeit- und kraftraubenden Beschäftigung ausdehnen kann, während sein Gemüt von einer gewissen Schwermut befallen zu sein scheint. Überflüssig zu sagen, dass jeder drohende operative Eingriff in diesen Körper, selbst dann, wenn es sich aus ärztlicher Sicht nur um eine Kleinigkeit handelt, zu einer Angelegenheit auf Leben und Tod werden kann. Ist der Körper im Grunde gesund, sind es Makel und vermeintliche Unförmigkeiten seines Körpers, die seine negative Aufmerksamkeit erregen und ihn entweder zu resignierter Passivität bis hin zur Verwahrlosung oder zu zwanghaft betriebenen Leibesübungen veranlassen können. Auch kann es geschehen, dass sich der im *physischen Bewusstsein* gefangene Mensch seiner primitiven Verhaftung zu entledigen sucht, indem er sich ihr verweigert und sie durch moralische Kontrolle, Überhöhung und zwanghaftes Asketentum im Zaume zu halten sucht, was keineswegs mit den wahren Gepflogenheiten der asketischen Wege verwechselt werden darf.

„Das *stoffliche Bewusstsein* [von Sri Aurobindo synonym für das *physische Bewusstsein* verwendet] wiederholt immerfort die gleichen beschränkten und unerleuchteten Bewegungen und ist der Routine und dem verankerten Gesetz des bereits Bestehenden verhaftet – es ist nicht gewillt, sich zu wandeln oder der höheren Kraft zu gehorchen. Dieses stoffliche Bewusstsein ist es, in das wir versuchen, zuerst das göttliche Licht, die Macht und den *ananda*[5] zu bringen, und schließlich die supramentale Wahrheit, die das Ziel unseres Yoga ist."[6]

Eine kurze Entstehungsgeschichte des fixierten Zornes

Um zu verstehen, warum im *Enneagramm der Charakterfixierungen,* welches unterbewusste Tiefenstrukturen des denkenden Geistes bloßlegt, dieser niederste Zustand der Gefangenschaft in der dinglichen Welt mit einer *Fixierung im Zorn* in Verbindung gebracht wird, ist es notwendig nachzuvollziehen, wie die innewohnende Feuerkraft des Zornes durch die Trägheit der Masse im physischen Bewusstsein in einen energetisch stagnierenden, einen betäubten Schlafzustand versetzt wird (analog zum Bild der zusammengerollten Schlange als Symbol der schlafenden Kundalinikraft im *tantra*), am weiteren evolutionären Aufstieg gehindert wird und zu *passiver Aggression* verkommt. Der Begriff *passive Aggression* geht zurück auf den amerikanischen Psychiater William Menninger, der damit im 2. Weltkrieg eine Verhaltensweise von Soldaten beschrieb, die nicht offen rebellisch und ungehorsam auftraten, sondern ihre Verweigerung durch ‚Schmollen,

Verzögerung, Sturheit, Ineffizienz und passive Behinderung' zum Ausdruck brachten. Diese *passive Aggression,* dieser passive Zorn ist so etwas wie der Mutterboden für die Entstehung und (Nicht-)Weiterentwicklung der Kraft des Zornes in den Diensten (und Fängen) des Ich-Geistes im Menschen, wo diese Kraft nach buddhistischer Lehre zu einer der *Drei Geistesgifte*[7] wird. Verweigerung als passiv-aggressive Behinderung von Evolution führt in diesem Organismus entsprechend zu umfangreichen Frequenzstörungen, was u.a. bedeutet, dass nicht im *rechten Moment* die *rechte Handlung* geschieht, weil die Handlung durch den Augenblick der Verzögerung immer zu spät erfolgt. Ein Versuch der Kompensation, der diese Verlangsamung nachträglich durch Beschleunigung auszugleichen sucht, ist aus der Perspektive des zornfixierten Ichs nachvollziehbar, führt jedoch nur zu weiteren Frequenzstörungen im inneren System dieses Menschen. Derartige Handlungen, beispielsweise in Arbeitsprozessen, geschehen unter innerem Druck, was den zornfixierten Geist zu projizierten Beschuldigungen an die Außenwelt oder auch zu inneren Beschuldigungen veranlasst, ohne jedoch die eigentliche Ursache des tieferen Gegenhaltens zu erkennen. Handlungen gegen die eigene *passive Aggression* sind immer mühsam.

Um die Bedeutung von Zorn im geistig-emotionalen Netz des Ichs zu erfassen, und zu begreifen, was mit ‚Zorn' und einer ‚Fixierung im Zorn' in den Lehren des Enneagramms der Charakterfixierungen gemeint ist, ist es wesentlich, zunächst die einfache Gleichsetzung von Zorn mit einem Gefühl, wie z.B. Wut aufzugeben und entsprechend zu glauben, es handele sich bei einer Zornfixierung lediglich um eine Form der Unterdrückung oder andersgearteter Abwehr eines Gefühls. Vielmehr beschreibt die ,Fixierung im Zorn' ein umfassendes geistig-emotionales System der Machtergreifung, der Inbesitznahme und Kontrolle einer existentiellen, destruktiven Urkraft, die mit dem Tod in Verbindung steht, durch den Ich-Geist. Und diese Inbesitznahme beginnt mit einem Gedanken, der aus einem einzigen Wort besteht: Nein! „Zorn", so schreibt der Enneagrammlehrer Claudio Naranjo (2001), „wird hier im Sinne eines tiefer im Inneren liegenden und grundlegenden Widerstands gegenüber der Wirklichkeit gebraucht und weniger im Sinn einer explosiven Gereiztheit."[8]

Menschen, in deren Geist sich eine Zornfixierung ausgebildet hat, beschreiben zuweilen in Rückführungen zur körperlichen Geburt, dass in den freigelegten Erinnerungen eine Atmosphäre der Verweigerung herrschte und der Gedanke ,Nein' die Situation beherrschte. „Nein, ich will nicht." „Nein, ich will nicht in diese Welt." Und das, obwohl eine mentale Gedankenform in dem frühen physischen Bewusstsein unmöglich anwesend sein konnte, was uns zu dem Schluss führen wird, dass dieses Nein nachträglich vom denkenden Geist in die Erinnerung eingeprägt wurde, oder dass hier der vorrationale Same des Neins wahrgenommen und nachträglich mit dem Gedanken ,Nein' benannt wurde. In jedem Falle erscheint es so, als wenn dieses Ich die Bühne der Welt betritt, um seinen Kampf gegen die Wirklichkeit zu führen. Gemäß den Lehren des Enneagramms steht diese Haltung (und nicht die Angst) ganz am Anfang der Ich-Bildung, sein Ungehorsam gegenüber dem EINEN und die sich daraus entwickelnde Eigenwilligkeit: „Mein Wille geschehe." Der gegen was-auch-immer-ist gerichtete Gedanke *Nein* bildet denn auch die Grundlage der inneren Dominanz des Eigenwillens und der Eigenwilligkeit, die im zentralen Zornpunkt 9 noch durch Formen der Überanpassung vor sich selbst verheimlicht wird. Dieser Eigenwille ist der eigentliche Sündenfall, und genauso wird er im Alten Testament metaphorisch beschrieben: als Ungehorsam des ersten Menschen, der von Gott das Gebot erhalten hatte, von allen Bäumen im Garten Eden dürfe er essen, nur nicht vom Baum der Erkenntnis des Guten und des Bösen. In dieser essentiellen Betrachtung spielt es keine Rolle, ob dieser erste Mensch Eva oder Adam hieß (denn beide stehen für den ersten Menschen), genauso wie es unerheblich ist, dass er von der Schlange zum Ungehorsam verführt wurde.

Im Folgenden wollen wir uns dieser Inbesitznahme (es ist durchaus angemessen, auch von einer *Besetzung* zu sprechen, ein Begriff, den ich in diesem Zusammenhang dem Wirken des magischen Denkens zuordne) und ihren Entwicklungsstadien zuwenden. Das emotional-geistige System der Zornfixierung wird im Enneagramm durch die Punkte 9, 8 und 1 umfassend erläutert, wobei die Beschreibung der Funktionsweise an Punkt 9 von übergeordneter Bedeutung ist, weil hier der bereits zitierte ‚Mutterboden' beschrieben wird, der Mutterboden einer Egofixierung im Zorn, und wir somit Antworten finden auf die Frage, wie die Fixierung und damit Verhaftung an diese Kraft in der geistigen Blase des Ichs ihren Anfang nimmt. Hier nimmt der ‚zornige Mensch' seinen Anfang, und er ist keineswegs das, was gewöhnlich darunter verstanden wird, nämlich ein Mensch, in dessen Verhalten augenscheinlich Zorn zum Ausdruck kommt. Vielmehr lehrt das Enneagramm den Kern der Verhaftung, der Inbesitznahme dieser Kraft als einen verborgenen, nicht in die äußere Welt vordringenden Kern. Dem Zorn fehlt quasi die Kraft des inneren Aufstiegs, weil er durch eine Form der Passivität unten gehalten und dort erstickt wird. Eine sich anbietende Metapher ist eine Glucke – brütend, sitzend auf dem Ei. Ihrem Ei. Doch diese falsche Glucke, sie ist zu dick, sie ist zu träge, und sie sitzt eindeutig zu lange, als dass aus diesem Ei ein vitales Küken entspringen könnte. Geistig-spirituelle Trägheit ist in ihrem Zentrum immer von passiver Qualität, zeigt sich jedoch in der Dynamik der Handlungsebene durchaus auch in ihrer aktiven Form, wie wir in der näheren Betrachtung des zwangsgestörten Geistes erkennen können, denn zwanghaftes Denken sowie zwanghafte Handlungen sind ebenfalls Teil eines Systems der Abwehr und zugleich machtvoller Inbesitznahme von Zorn.

Das *Enneagramm der Charakterfixierungen* beschreibt u.a. auch die drei großen neurotischen Stile (die Art und Weise des Funktionierens) des Ich-Geistes so, wie sie in der Psychoanalyse unterschieden werden: der paranoide Stil (in Punkt 6, 7 und 5), der hysterische Stil (in Punkt 3, 2 und 4) und der zwanghafte Stil (in Punkt 9, 8 und 1). Der amerikanische Arzt und Körpertherapeut Wilhelm Reich beschreibt in seinem Buch ‚Charakteranalyse' den Zwangsneurotiker als „lebende Maschine", ein Begriff, den der Mystiker G.I. Gurdjieff als ein Synonym für den denkenden Geist an sich verwendet. Dennoch trifft die mechanistische Art und Weise des Funktionierens auf keinen der neurotischen Stile mehr zu, als auf den zwanghaften Stil.

„Auf dem [inneren] Weg komme ich mir vor wie ein Beamter, der seinen Dienst tut", schrieb mir ein Schüler, Vertreter dieses Stils. Auf der Handlungsebene zeigt sich der zwanghafte Stil als ein Leben in Gewohnheiten, die selbst dann noch beibehalten werden, wenn sie irrational, unwesentlich oder sogar destruktiv gegen das eigene Selbst wirken. „Diese Menschen empfinden und funktionieren wie getriebene, hart arbeitende Roboter, die sich selbst zwingen, nie endende Pflichten zu erfüllen und Aufgaben zu übernehmen, die sie sich ihrem Gefühl nach nicht ausgesucht haben", „... ein rigider Soldat der Pflicht, der keine eigenen Wünsche kennt", schreibt der amerikanische Psychologe David Shapiro.[9] Ein Apparatschik, dessen Innenleben aus bürokratisch umgesetzten Weisungen und Verfügungen besteht. Doch auch in der Umkehrung des arbeitsscheuen, faulen Eigenbrödlers kann sich die gleiche rigide Ausrichtung an sich wiederholenden (Nicht-)Handlungen zeigen, wenn es einfach das ist, was zur Gewohnheit geworden ist. Denn es ist die Absorption des Bewusstseins in sich wiederholenden, monotonen Handlungsabläufen oder auch Nichtabläufen, welcher Art auch immer, die der grundlegenden Betäubung jener Feuerkraft dient, die den Namen Zorn wirklich verdient. Auch jegliche Form auftretender Rigidität in Gedankenstrukturen, die Unfähigkeit, den Gedankenprozess jederzeit in eine neue, unbekannte Richtung zu wenden und somit unvorhersehbare Perspektiven einzunehmen, ist in diesem Zusammenhang zu sehen und verfolgt ausschließlich die Absicht der Aufstiegsverhinderung von Zorneskraft.

Aus der Perspektive eines kontrollierenden Täter-Ichs, das ein Interesse daran hat, die aus dem Bauchzentrum aufsteigende Kraft des Zornes unten zu halten (und sie dort zu *fixieren*), weil sie in das Selbstbild des guten Menschen nicht integrierbar ist (im zentralen Zornpunkt 9 findet sich der Archetyp des Heiligen), zeigt sich diese maschinenhafte, selbstverleugnende Lebensweise als ein umfassendes und effizientes Mittel zur Einschläferung destruktiver Feuerkraft des Zornes. Zorn zählt zu den absteigenden Gefühlen (im Gegensatz zu aufsteigenden Gefühlen, wie Angst) und hat entsprechend eine starke Beziehung zum Bauchzentrum, wo aggressive, körperbetonte Impulse in frühen (vor)menschlichen Entwicklungsstufen das natürliche, evolutionäre Fundament jener elementaren Lebenskraft bilden, die wir später unter dem Begriff des *Heiligen Zornes* näher betrachten wollen. Es sind eben diese rohen, noch ungeschliffenen Impulse aus dem animalischen Körper des Menschen, die im Laufe der späteren Formung des denkenden Geistes mit den von ihm geschaffenen Regeln und Gesetzen in erheblichen Konflikt geraten werden und so die Zorneskraft *fixieren*.

Wir haben die Inbesitznahme der Zorneskraft durch das Ich in ihrem Kern als Kontrolle durch Einschläferung betrachtet (Punkt 9), der erste und umfassende Angriff des Ich-Geistes auf diese Kraft in dem Versuch, ihrer Herr zu werden. Aus dieser in ihrem Wesen schlafenden Feuerkraft bilden sich in der Folge zwei weitere Entwicklungsstadien des fixierten, in der geistigen Ich-Welt gefangenen Zornes an Punkt 8 und an Punkt 1 des Enneagramms. Punkt 8 beschreibt die zwanghafte *Entladung* des Zornes als einen ständigen Kampf gegen den tamasischen

Sog des Schlafes und der tieferliegenden Betäubung von Lebenskraft. Durch die erzwungene, verfrühte Entladung, die vergleichbar ist mit einer *ejaculatio praecox*, einem verfrühten Samenerguss, geht die Zorneskraft im Bewusstsein verloren, verkümmert zu veräußerlichter Wut, bevor sie ihren weiteren evolutionären Aufstieg im Inneren des Menschen vollziehen kann (s. S. 45 Heiliger Zorn). „Er fühlt sich gezwungen, auszubrechen und zurückzuschlagen, und ihm steht kaum die Freiheit zur Verfügung, sich nicht so zu verhalten."[10]

So stark und einschüchternd es auf den ersten Blick wirkt, so schwach ist es in Wirklichkeit, denn dem Wutentbrannten steht die Zorneskraft innerlich genausowenig zur Verfügung, wie dem Passiv-aggressiven mit seinen ‚freundlichen Aggressionen'. Das ist es, was die Zornfixierung in der Lehre des Enneagramms zum Ausdruck bringt, unabhängig von den sehr gegensätzlichen Strategien des kompensatorischen Umgangs in den Punkten 9, 8 und 1: dass in demjenigen die Zorneskraft aus dem Bewusstsein verloren wurde. Anders ausgedrückt: Das Auge des Zornes ist zu einem blinden Fleck geworden.

Die triebgesteuerte *Entladung* von Zorn ist jene Abwehrstrategie des Ich-Geistes, die maßgeblich dafür verantwortlich ist, dass Zorn tatsächlich blind macht. Die Blindheit des Zornes, seine Eigenschaft, das Bewusstsein erblinden zu lassen, erklärt sich daraus, dass der veräußerlichende Vorgang der *Entladung* von Zorn den Menschen in den unbewusst absteigenden Bogen[11] eintreten lässt, der in das frühe, physische Bewusstsein zurückführt. Das heißt, derjenige findet sich in dem Moment der *Entladung* unbewusst stark in der regressiven Identität von ‚Ich bin dieser Körper' wieder, und dieser grobstoffliche Zustand ist per se von starker Bewusstseinsbeschränkung geprägt. Triebgesteuerte Zustände, an denen höhere Intelligenzzentren unbeteiligt sind, sind allesamt von einer Verdunkelung des Bewusstseins betroffen, und diese Verdunkelung führt in der *Entladung* fixierten Zornes zwangsläufig zu Gewalt. Paulus mahnt angesichts dieser Gefahr, durch die blinde *Entladung* vom Teufel geritten zu werden, in seinem Brief an die Epheser: „Zürnt ihr, so sündigt nicht; lasst die Sonne nicht über eurem Zorn untergehen und gebt nicht Raum dem Teufel." (Epheser 4;26,27)

So stärkend und kraftvoll sich die Zornesentladung aus der Perspektive des aktiv entladenden Ichs noch anfühlt, so schwächend melden sich nach Beendigung die Reue und die Schuld des Gewissens, die wiederum verleugnet werden. „Mit Wut beginnt, mit Reue schließt der Zorn", wusste bereits der römische Schriftsteller Publilius Syrus aus dem 1. Jh. v. Chr. und beschreibt damit den direkten Zusammenhang zwischen der missbräuchlichen *Entladung* von Zorn durch den Ich-Geist und die Entstehung von Schuld im Über-Ich, als auch die tieferliegende, energetische Schwächung im System, welche die *Entladung* von Zorn hinterlässt. „Nur ein Tor schüttet all seinen Unmut aus, aber ein Weiser hält an sich", heißt es in den Sprüchen Salomos (29;11) im Alten Testament.

Auch wenn die zweite erläuterte Strategie der Ich-Besetzung des Zornes, die *Entladung*, offensichtlich zunächst über das Bauchzentrum (das 1. Gehirn) gesteuert wird, so zeigt sich hier bereits die Beteiligung eines höheren

Zentrums, des Kopfzentrums (3. Gehirn), welches sich bei genauerer Untersuchung am Ende doch als das eigentliche Steuerungszentrum herausstellt, denn die Gefangenschaft in der Zornfixierung ist mit einer höheren Idee des Geistes verknüpft: der Idee von Gerechtigkeit. Und das bringt uns zu der dritten und letzten der drei Formen der Inbesitznahme: an Punkt 1. Dass der Kraft des Zornes im Kampf für Gerechtigkeit die entscheidende Rolle zukommt, das wird jedem einleuchten, jedoch zeigt uns die Zornfixierung an Punkt 1, wie die hehre Idee der Gerechtigkeit in den Händen des Ich-Geistes zur Selbstgerechtigkeit verkommt und so eine unheilige Allianz bildet: den selbstgerechten Zorn. Für den selbstgerechten Zornigen liegen die Fehler (das abgespaltene Schlechte) immer bei den Anderen, während er selbst sich in einer unangreifbaren Position eigener Unfehlbarkeit wähnt: Diese Allianz, sie macht den Ahnungslosen zum Wissenden. Die mangelnde Einsichtsfähigkeit des selbstgerechten Zornigen in die Begrenztheit der eigenen Realitätssicht ist ein weiterer Aspekt der bereits erwähnten Blindheit des Zornes, die hier durch höhere geistige Verbündung in einer ‚höheren Oktave' erfahren wird: Blindheit nicht mehr durch die *tamasische* Natur eines absteigenden Zornes, der in das begrenzte, physische Bewusstsein regrediert, sondern Blindheit durch die totale Entgrenzung des Ichs, maßlose Selbstüberschätzung, ausgelöst durch die Allianz zwischen dem Zorn und dem Herrschergeist. Dessen Geisteskraft verleiht dem Zorn eine unvergleichlich höhere Wirkmacht, einen Aufstieg in die geistige Welt. Ist diese Allianz geschmiedet, hat das Ich die Sündhaftigkeit des Menschseins endlich (wenn auch nur für Momente) überwunden und eine vollkommene, übermenschliche

Perspektive erreicht: „Ich bin Gott." Ist es nicht das, was auch die mystischen Wege lehren?

Doch in der Zornfixierung steigt diese Kraft nicht in das Herzzentrum des Organismus auf, das 2. Gehirn, welches das fühlende Wesen steuert (ich erwähnte bereits das Paradoxon, das die Zornfixierung sich des reines Gefühls von Zorn unbewusst ist), sondern erreicht durch einen ‚bypass' direkt das Kopfzentrum, wo sie sich mit der Idee der Gerechtigkeit verbündet, eine der großen Ideen des *Ich-Ideals*, welches Sigmund Freud später (1923) das *Über-Ich* nannte. Diese Benennung erweist sich als treffender, weil das *Ich-Ideal* nur einen Teil dieser Instanz darstellt. Dieses *Über-Ich* ist der Kritiker, Schmeichler, Misshandler, Aufseher, Antreiber, Hohepriester und Richter des Ich-Geistes, dem die Aufgabe zukommt, die Machenschaften des Ichs beständig mit einem vollkommenen Ich-Bild, einem Idealbild des Ichs, abzugleichen. Ein Vergleich, der für das Ich selten positiv ausfällt, es sei denn, es identifiziert sich direkt mit dem *Ich-Ideal*, dem *Über-Ich*, was in Punkt 1 der Fall ist und was dazu führt, dass sich dieses Ich ermächtigt sieht, im Namen der (Selbst-)Gerechtigkeit und der vermeintlichen moralischen Überlegenheit als aggressiver Prediger, Missionar und Menschheitsbekehrer das Schwert des Zornes in die Hand zu nehmen und walten zu lassen. Tatsächlich lehrt uns Punkt 1, wie die Kraft des Zornes in den Händen des Über-Ichs zur Todsünde (im Enneagramm: Leidenschaft) wird. Zorn als Leidenschaft des Ichs, das ist eine verzerrte, eine hässliche Emotion, die im fühlenden Zentrum entstanden ist, weil der natürliche Aufstieg in dieses 2. Zentrum durch den Eingriff des Ich-Geistes verwehrt wurde. Der römische Philosoph Lucius

Seneca beschreibt die Ausgeburten dieser Leidenschaft: „Nicht ist irgendeiner Leidenschaft Ansehen von größerer Verstörtheit gezeichnet: die schönsten Gesichter entstellt sie, wilde Mienen macht sie aus den ruhigsten; es verlässt aller Anstand die Erzürnten; es schwellen die Adern; erschüttert wird von raschem Atem die Brust; der wütende Ausbruch der Stimme bläht den Hals, am ganzen Körper Aufruhr. Wie ist drinnen die Seele beschaffen, deren äußeres Abbild so scheußlich ist?"[12]

Die Ich-Instanz ‚Über-Ich' hat ein ureigenes Interesse daran, sich die Kraft des Zornes dienstbar zu machen, denn es benötigt sie für seine selbsternannte Aufgabe des Richtens, des (Ver-)Urteilens im Namen des Guten. Dieses ‚Gute' aus dem Gesetzbuch des Über-Ichs ist eigentlich das ‚Bessere', das von ihm selbst geschaffene Ideal, an dem sich alles zu messen hat. Durch den erwähnten ‚bypass', am liebenden Herzzentrum vorbei, ist in der Zornfixierung an Punkt 1 die Zorneskraft direkt ins Über-Ich geflossen und verleiht ihm die zwei hervorstechenden Eigenschaften des Schwertes: Schärfe und Härte, was sich u.a. in Hartnäckigkeit, Rigidität, Pedanterie (die Genauigkeit am Unwesentlichen) zum Ausdruck bringen kann, als auch in Verletzungsabsichten gegen das Fehlerhafte, das Schlechte und Nicht-Ideale. Es ist diese Allianz des Über-Ichs mit dem Zorn, welche ihm (generell, aber insbesondere im Kontext der Zornfixierung an Punkt 1) ein hohes Maß an Aggressivität verleiht, weshalb ein Mensch des inneren Weges, ein Meditierender und Selbsterforscher auch von regelrechten ‚Angriffen' des Über-Ichs zu berichten weiß. Doch ist das Über-Ich die Repräsentanz eines „primitiven, inneren Gerechtigkeitssystems". „Seine Bestrafungsmethode ist primitiv. Es ist die biblische Version: Auge um Auge." „Das ist die Vorstellung von Gerechtigkeit, die in primitiven Gesellschaften und auch im Geist eines Kindes vorherrscht."[13]

Doch die ursprüngliche ‚gute Absicht' des Über-Ichs besteht, trotz abwegiger, destruktiv-entfremdeter Methodik, darin, das Ich ‚gut' zu machen. Es geschieht alles im Namen des Guten. Am Anfang stand die Idee des guten, des gottgefälligen Menschen, womit wir zurück an den Ursprung der Zornfixierung in Punkt 9 gelangt sind. Dorthin, wo die Zornfixierung mit all ihren nachfolgenden Missverständnissen und weiteren Entfremdungen der ursprünglichen, unpersönlichen Zorneskraft ihren Anfang nahm. Hier können wir erkennen, dass der Ausgangspunkt der Entwicklung der Zornfixierung im Geiste des Menschen die vermeintliche Unvereinbarkeit zwischen Zorn und Liebe ist, denn die Liebe ist die Heilige Idee, die an Punkt 9 verloren wurde. An die Stelle der Liebe tritt, um diesen Verlust zu kompensieren, eine vom Ich geschaffene Instanz, das Über-Ich, die ein ganzes Weltbild von Gut und Böse erschafft in der ursprünglichen Absicht, den Menschen wieder liebe-voll zu machen.

Ein Schüler, der sich mit einer Zornfixierung an Punkt 9 identifiziert, schrieb mir in einem Brief: „Was mir in den letzten Tagen begegnet ist, das ist eine unermessliche Kraft, die mich sprachlos und hilflos macht, ein Interesse in mir an gut und böse, an richtig und falsch. Ich weiß gar nicht genau, was das ist, aber ich schaffe diese Kategorien und will auf der Seite des Guten, des Richtigen sein und distanziere mich vom Bösen und Falschen. Es macht mich beklommen, die Scheinheiligkeit zu fühlen, mit der ich mich vor der Begegnung mit Zorn in Sicherheit bringen will."[14] Und wo sieht der Geist eines kleinen Kindes zum ersten Mal dem Bösen in die Augen? In den zornigen Augen seiner Mutter oder seines Vaters. Zorn ist böse. Die freundlichen Augen sind gut. In vielen Menschen lebt diese primitive Denkform aus dem Geist eines Kleinkindes ein Leben lang fort. Das Enneagramm lehrt uns, dass dieser Gleichsetzung an Punkt 9 in der gesamten Entstehung und Machtentfaltung des Egos eine große Bedeutung zukommt. Hier entsteht das, was ich den ,Weg der Frommen' nannte und damit ist keineswegs ein Weg gemeint, den nur bibeltreue Christen gehen, sondern die Denkweise des gewöhnlichen Menschen.[15]

Wer in einer geistigen Blase lebt, in der die Heilige Idee der Liebe verloren wurde, der erkennt das wesenhafte Gutsein der Dinge nicht mehr, will im Tiefsten heißen: das wahre Gutsein seiner selbst. Almaas nennt diese Heilige Idee „eine Eigenschaft der Existenz, welche die Existenz liebenswert macht." „Und Gott sah an alles, was er gemacht hatte, und siehe, es war sehr gut." (1. Buch Mose, Vers 31) Ist das Herz für diese Perspektive geöffnet, so ergibt sich daraus die Perspektive des Heiligen. Ein Heiliger schaut durch die inneren Augen der Heiligen Liebe. Wurde diese Perspektive hingegen verloren, so beginnt der Ich-Geist Liebe zu imitieren und das Ergebnis nennt sich Scheinheiligkeit, die Eitelkeit des falschen Heiligen. Das gesamte Konstrukt der Zornfixierung und seine Folgen lösen sich auf, wenn die ursprüngliche Feuerkraft des Zornes und die Liebe wieder eins geworden sind, indem der Zorn in die Liebe aufgestiegen ist. Der barmherzige Jesus (Ich bin nicht gekommen, um die Welt zu richten, sondern um sie zu retten. Joh;12,47) und der zornige Jesus (Ich bin nicht gekommen, um Euch den Frieden zu bringen, sondern das Schwert. Mt; 10,34), sie sind nicht getrennt voneinander.

Die an den Punkten 9, 8 und 1 im *Enneagramm der Charakterfixierungen* ausgeführten unterschiedlichen Strategien einer Zornfixierung des Ichs, kurz benannt als Eigenwille, Gewalt und Selbstgerechtigkeit, lassen aus der Perspektive des spirituellen Weges einen gemeinsamen Schluss zu: Eine Zornfixierung und *Demut* schließen sich aus, denn Demut ist die totale Nachgiebigkeit gegenüber dem wahren Willen, dem göttlichen Willen. Jenem Willen, der gemäß den inneren Lehren die Wirklichkeit beherrscht. Ohne Demut ist (wahrer) Gehorsam gegenüber einer Autorität, höher als das Ich, nicht möglich. So hat diese Tugend einer reifen Seele des inneren Weges die Kraft, den Kampf gegen die Wirklichkeit zu beenden. Wahre *Gerechtigkeit* kann nur in Demut gefunden werden. Vereinigt sich die Demut mit der Kraft des Zornes, so kann der innere Mensch diese dem integrierten Zorn innewohnende Tugend entdecken. Wahre *Gerechtigkeit* ist die Frucht des aufgestiegenen Zornes, der seine *tamasische* Natur der animalischen Ebene verließ, in das fühlende Wesen aufstieg und menschlich wurde, und weiter in die Wahrhaftigkeit des *sattvischen* Geistes brannte. Dieser integrierte, innere Aufstieg war möglich geworden, weil der innere Mensch des Weges es verstanden hatte, den schlafenden Zorn im 1. Gehirn zu erwecken, ihn ohne vorzeitige *Entladung* in das 2. Gehirn, das Herzzentrum bewusst aufsteigen zu lassen und ihn im 3. Gehirn aus den Händen des Über-Ichs zu befreien.

Heiliger Zorn

Bei der destruktiven Kraft des Zornes handelt es sich in ihrem unpersönlichen Kern um eine reine Feuerkraft, die für den inneren Menschen in seinem Herzensanliegen von Transformation eines jeden begrenzten Zustandes unerlässlich ist. Der große Bewusstseinsforscher Jean Gebser schreibt dazu: „Es handelt sich um jenen ‚Heiligen Zorn', der oft als heiliges, dem Menschen innewohnendes Feuer bezeichnet worden ist."[16] Er bringt den kollektiven Ausbruch dieses Zornes als einen wesentlichen Schritt in der Evolution des Bewusstseins mit dem Sonnenmythologem der Antike in Verbindung (im antiken Griechenland Helios, der Sonnengott). Diese Feuerkraft ist ein wesentliches Motiv in der Heldenreise des Menschen, in der sich das Bewusstsein aus der Gefangenschaft von der Urmutter befreit, die in der Mythologie für das physische Bewusstsein und die damit einhergehende Gefangenschaft in der Materie steht: „Die Gleichzeitigkeit der Formung der Sonnenmythologeme und der Schilderung des Zornausbruchs will fast besagen, dass die Sonne in den Menschen herabstürze, um sich in ihm durch diesen Zorn zu manifestieren. Er ist jene Kraft, die das Gemeinschafts- und Clangefühl sprengt, insofern sie sich im Einzelnen, im ‚Helden' manifestiert und ihn immer weiter in die Einzelung, in die Selbstbehauptung und damit in die Ichwerdung treibt."[17] Es ist eben diese ‚Einzelung', das Bewusstsein des Alleinseins, welches in der Evolution des Bewusstseins ein unerlässlicher Schritt hin zur Entfaltung des inneren Menschen ist.

Im unfixierten Zustand des inneren Menschen steigt das ‚Feuer im Bauch' natürlich bis ins Herzzentrum und weiter bis ins Mentalzentrum auf, um von dort wieder abzusteigen und sich so in den *Großen Kreislauf* einzufügen. Das heißt, dieses ‚Feuer im Bauch' (Aspekt: Kraft) läutert sich zum ‚Feuer im Herzen' (Aspekt: Passion), und das ‚Feuer im Herzen' verfeinert sich während des weiteren Aufstiegs zum ‚Feuer im Geiste' (Aspekt: Inspiration), dessen Wiederabstieg die niederen Zentren in einen höheren Zustand versetzt. Gleichzeitig ist das integriert aufgestiegene ‚Feuer im Geiste' jener Zustand von Inspiration, der das spirituelle Feuer empfängt, im Christentum der *Heilige Geist*. „Und es erschienen ihnen feurige Zungen und sie wurden alle erfüllt von dem Heiligen Geist." (Apostelgeschichte 2;3,4) Er wird nach Kreuzigung und Auferstehung empfangen, welche gemeinsam für den inneren Transformationsprozess stehen, der durch den inneren Aufstieg des Feuers eingeleitet wird. Doch dieser Aufstieg verlangt vom Schüler des Weges eine Bereitschaft für ein hohes Maß an innerer Intensität, die der zornfixierte Zustand des Ichs zu verhindern suchte.

Das innere Feuer wird in verschiedenen spirituellen Traditionen in unterschiedlichen Aggregatzuständen in die Aufmerksamkeit des Schülers geholt. Während beispielsweise der Kundalini Yoga oder der Weg der Kampfkünste dieses Feuer zunächst auf einer noch körperbezogenen Stufe zu erwecken sucht, richtet sich die Praxis der Sufis auf das reine, spirituelle Herzensfeuer, und die höchsten inneren Lehren, wie die indische advaita-Lehre, auf das alles transzendierende Feuer des Bewusstseins selbst. Die Erweckung des Herzensfeuers steht also in direktem Zusammenhang mit evolutionär aufgestiegenem Bauchfeuer: Herzensfeuer nährt sich in einem inneren

ANGER - Christoph Konradi

Entwicklungsstufen des Zorns - Nushin Morid

Verbrennungsprozess aus geläutertem Zorn. In den Inneren Kampfkünsten[18], welche die Kampfkunst auch als einen spirituellen Weg des Menschen, als einen Weg des inneren Aufstiegs des Feuers aus dem *Hara* lehren, werden drei Operationsmodi unterschieden, welche auch als drei Stufen des Zornes verstanden werden können:

Im *animalischen Modus* ist lediglich das Bauchfeuer aktiv und das Bewusstsein des Kämpfers (oder Ausübenden einer Soloform) ist vollständig von seinen animalischen Instinkten eingenommen. Um in den nächsthöheren Modus, den *humanen Modus* aufsteigen zu können, braucht es eine verinnerlichende Fähigkeit zur Beobachtung: Eine Beobachtung der eigenen Gefühle, aus denen sich dann das Herzensfeuer nährt, sowie eine Beobachtung von Gedanken, aus denen sich das Feuer im Geiste nährt. Doch dieser innere Aufstieg ist nur möglich, so der Meister der inneren Kampfkunst Bruce Frantzis, wenn der Schüler „den inneren Moment abpasst, in dem er sich dazu entschließen kann, sich über den Modus operandi seiner animalischen Instinkte hinwegzusetzen".[19] Es ist dieser entscheidende *gap*, der Moment der Lücke, des Nichtstuns, des Abwartens zwischen Handlungsimpulsen, den ein Tier nicht kennt und der den ganzen Unterschied macht. Erst die Selbstbeobachtung, der Moment des Innehaltens und der Verinnerlichung ermöglicht den Aufstieg. „Dieser entscheidende Sekundenbruchteil wird benötigt, um den Geist zu mobilisieren, bevor das Chi folgt und dem Körper signalisiert, dass er handeln soll,[20] so beschreibt Frantzis auch den inneren Bogen verwirklichter Feuerkraft, ihren Aufstieg und Wiederabstieg. Doch ist dieser Zustand noch keineswegs frei von möglichen geistigen Verunreinigungen, von Unwissenheit des denkenden Geistes, wie Arroganz, oder Zorn in Diensten des Über-Ichs. Diese endgültige Befreiung geschieht erst im dritten Modus, in dem die *sattvisch* gewordene Feuerkraft des Zornes endgültig zu einer überpersönlichen Kraft wird und damit zum *Heiligen Zorn*. Der dritte Modus, der *spirituelle Modus*, die Heiligung des Zornes in den inneren Kampfkünsten, „ ... hat zwei Ebenen. Die erste Phase ist die Phase der Vorbereitung, in der der Praktizierende ein hohes Maß an Selbsterforschung zu betreiben und viele innere Kämpfe zu bestehen hat. In der zweiten Ebene gelangt er zur Praxis der Meditation."[21]

In der Selbsterforschung lernt der Schüler des Weges, das geläuterte Feuer des Zornes durch Unterscheidungskraft anzuwenden, speziell durch die Kraft der *Zurückweisung*, welche das Falsche so vollständig hinauszuwerfen im Stande ist, dass es nicht mehr zurückkehren kann. Diese auf dem inneren Weg so wesentliche Kraft der *Zurückweisung* wird erworben, wenn im Prozess der Selbsterforschung die Kraft des Zornes aus den Händen des Über-Ichs befreit wird, so dass sie fortan gegen das Über-Ich selbst eingesetzt werden kann. Die *Zurückweisung* ist eins der großen Handwerkszeuge des inneren Weges im Dienste des wahren Willens. Diese Kämpfe auf der 3. Ebene sind nicht mehr körperbezogen, sondern werden nurmehr innerlich ausgefochten, bevor in Meditation die große innere Harmonisierung geschieht, was aus der Perspektive der Heiligung des Zornes auch bedeutet, dass das Bewusstsein mit der stillen Glut des Zornes eins geworden ist und sich nicht mehr in den Flammen verliert. Jeder Kampfgeist des Zornes hat sich in dieser stillen Glut aufgelöst. Die höchste Form des Kampfes, welche auf dem Weg der inneren Kampfkünste gelehrt wird, besteht darin, nicht mehr zu kämpfen. Hier lebt der wahre Heilige an Punkt 9 und seine verwirklichte innere Harmonie, seine Gelassenheit und Toleranz befriedet den ich-haften, gewalttätigen Zorn auf natürliche Weise. Viel aus der Zornfixierung des Ichs entstehende Gewalt wäre der Menschheit in ihrer Geschichte erspart geblieben, wenn diese erwachte Perspektive von Punkt 9 anwesend geblieben wäre.[22] Der Krieger im Namen der Wahrheit an Punkt 8, sowie der vollkommene Herrscher an Punkt 1 vollenden die Trias des Heiligen Zornes.

„Ein feuriges Schwert liegt kompromisslos
in den Händen deiner stillen Anwesenheit.
Der Wahrheit ergeben, zum Schlag auszuholen,
zu töten bereit, wann immer befohlen.
Den [inneren] Gegner des Herzens die Liebe zu lehren,
in Heiligem Zorn die Wahrheit zu ehren."[23]

Fixierter Zorn in Diensten des Ichs ist der Kampf gegen die Wirklichkeit. Heiliger Zorn in Diensten des SELBST ist die Zerstörung der Unwirklichkeit. Seine Zerstörungskraft tötet. Sanft oder gewaltig. Doch auf seinen Herrn kommt es an. Während das Töten im Namen des Ichs nichts als Gewalt hervorbringt, ist es im SELBST eins mit der Liebe.

Darshan mit OM C. Parkin

Dialoge zum Thema Zorn

Diesen Teil des Buches bilden Ausschnitte aus Darshan[24] aus den letzten 25 Jahren. Die die zwölf Facetten des Ego-Zorns spiegelnden erleuchtenden Gespräche mit Schülern öffnen die Augen für verschiedene leidvolle Aspekte der Welt der Zornfixierung – und ihre Verwandlung.

Bequemlichkeit

Bis hierhin und nicht weiter!

F: Immer wieder fühle ich mich im Vertrauen und gehe den inneren Weg. Dann kommt Angst in mir hoch, und ich kehre um, wie es mir scheint, kurz vor dem Ziel. Warum?

OM: In dem Moment, in dem du dich einer Grenze annäherst, oder direkt an einer Grenze stehst, reagierst du mit Angst, aber darunter liegt Bequemlichkeit. In bestimmten Momenten ist es leicht, im Vertrauen zu sein. Wenn du dich bereitwillig auf den Weg machst, dann läufst du

durch Rosengärten, und unversehens gerätst du in Distelfelder. Während du dich in Rosengärten aufhältst, ist zu vertrauen eine wahre Freude, es ist leicht. Wenn du dann aber wieder das nächste Distelfeld erreichst, wird das Vertrauen getestet, und die Versuchung, dich abzuwenden, ist stark. So gibt es viele, die glauben, dass das Ziel des inneren Weges nichts anderes ist, als ein beständiges Verweilen im Rosengarten. Das ist wahr, aber es gibt viele Suchende, die unbewusst an Bildern von Rosengärten festhalten, weil sie der Bequemlichkeit verfallen sind und noch nicht durchschauen, dass diese Wohlgefühle produzierende Leidenschaft einen Rosengarten der Glückseligkeit, wie ihn mystische Poeten, so wie Rumi, in ihren Gedichten besingen, wohl zu imitieren weiß.
Die Bequemlichkeit kann niemals vollkommen bereit sein, alles in Kauf zu nehmen, vor allem nicht, wenn es – wie man sagt – ‚an die Substanz' geht. Die Folge ist, dass eine scheinbar harte Grenze auftaucht und der Weg in diesem Moment nicht zu Ende gegangen werden kann. Bis zu einem gewissen Grad gibt es eine innere Haltung der Toleranz gegenüber Unbequemlichkeiten, die als Hindernisse auftreten, aber es gibt einen Punkt, wo jedes Ich intolerant wird. Das ist der Punkt, an dem es spricht: Bis hierhin und nicht weiter! Und wenn du die inneren Bewegungen von spirituell Suchenden betrachtest, dann geschieht meist ein Sinken in die Tiefe bis zu diesem Punkt, gefolgt von einem Wiederauftauchen. Das Ich setzt dem Tod Grenzen, das ist normal. Wenn das Ich mit dem Rücken zur Wand steht, sucht es abgestiegene Wohlfühlwelten auf, die von der Bequemlichkeit offeriert werden. Mit den Augen der Bequemlichkeit gesehen ist das ein gutes Angebot.

F: Welche Bedingungen benötigt es, um an diesem Punkt weiteres Sinken zulassen zu können?

OM: Die Liebe zum SELBST muss größer sein, als die Bequemlichkeit. Wenn ein innerer Mensch an dem Punkt steht, wo er nichts mehr zu verlieren hat, ist das der Fall.

F: Ich spüre, dass ich es vermeide, anzukommen. Was mir neu ist, ist, dass Bequemlichkeit Ankommen, oder Angekommensein nachahmt. Anscheinend gebe ich mich damit zufrieden.

OM: Deshalb nennen sich die Störungen im geistigen Erkenntnisprozess, welche mit Bequemlichkeit einhergehen, Selbstzufriedenheit und Selbstgefälligkeit. „Dieser Platz gefällt mir. Hier bin ich zufrieden. Hier bin ich angekommen.", sprechen sie. Die Attraktivität ist deshalb so groß, weil sie einen Ort der Ruhe und Erholung für das Ego anbieten.

F: Das kenne ich gut. Ich kann ausruhen und muss keine Angst mehr haben.

OM: Es gibt im SEIN kein Ausruhen im Sinne dieser Idee, dass du landen, deinen Schutz und deine Ruhe haben kannst. Diesen Ort gibt es nicht. In Wahrheit tauchst du in ewige Stille ein, aber dennoch ist es der freie Fall, und es gibt keinen Ort mehr, um sich auszuruhen. Denn Ausruhen bedeutet Anhaften, Festhalten und Einschlafen. Ausruhen ist der Verlust von Wachsamkeit. *Entspannte Wachsamkeit* lautet die paradoxe Anweisung, die Bequemlichkeit und ihre Wirkung beendet. Immer dann, wenn Ausruhen geschieht, gibt es wieder einem Ich Nahrung, das an seine eigene Existenz glaubt, das reduziert ist auf einen bestimmten Punkt, auf einen bestimmten Zustand, und das glaubt, sich dort ausruhen zu können. In Wirklichkeit ist dies lediglich ein verkappter Überlebensmechanismus des Ichs. In der Ruhe existiert vermeintlich keine Angst, kein Leiden mehr. Aber vielleicht ist dir schon aufgefallen, dass dieser Ort der Ruhe nicht die Endgültigkeit, ja Ewigkeit besitzt, welche der Stille selbst innewohnt.

ॐ

Ein Leben in Gewohnheit

F: Viele meiner Fragen hast Du auf wundersame Weise beantwortet, aber es ist auch ein großes Chaos in mir zurückgeblieben. Nur so viel kann ich sehen, dass mir die Liebe fehlt, dass ich eine Verweigerin bin. Und dass ich manches ändern möchte, die Bereitschaft dazu auch fühle, aber eine große Angst habe, dass mich mein sehr fest gezurrter Alltag wieder in das Alte hineinbringt, und deshalb meine Frage an dich: Gibt es etwas, was mich dabei unterstützen könnte?

OM: Wenn der Alltag ‚festgezurrt' ist, dann musst du ihn ‚loszurren'! Du lebst ein Leben in Gewohnheit, Routine und Maschinerie. Genauso, wie die meisten Menschen, weil sie sich damit betäuben wollen. Sie schätzen die Sicherheit der kleinen Welt der Gewohnheit. Gewohnheit verspricht Wohnung. Aber keine Wohnung für die Seele. Stell dir vor, du könntest dich in jedem Moment der vollkommenen Unsicherheit des nächsten Moments hingeben. Stell dir vor, du wüsstest nicht mehr, was zu geschehen hat, und es wäre auch nicht mehr unter deiner

Kontrolle. Stell dir vor, du wärest nur noch Empfänger einer höheren Macht, des göttlichen Selbst. Stell dir vor, du wärest nur noch in Hingabe an DAS. Es ist nicht einmal mehr Vertrauen, es ist tiefer als das. Aber um das zu erkennen, musst du zunächst bereit sein für vollkommene Veränderung. Ich sage nicht ‚erzwungene Veränderung mit dem Willen', ich sage ‚Veränderung, die von selbst geschieht, wenn du deine Betäubung durch Gewohnheit und Routine aufgibst'. Viele Menschen funktionieren, aber sie leben nicht. Die Funktionen und das, wie das Leben von außen aussieht, ist uns oft wichtiger, als zu *leben*. Von innen. Perfekte Welt ist eine funktionierende Welt. Aber was ist mit dem Chaos, das darunter liegt? Das sich durch Gewohnheit betäubende Ich spricht: „Wenn diese haltgebende Wiederholung, dieser maschinelle Ablauf sich verändert ins Ungewisse, dann kann es sein, dass du nicht mehr funktionierst. Wie willst du dann leben? Das Leben organisiert sich nicht von selbst." Ist das wirklich so? Der denkende Geist ist eine Maschine, ein Mensch ist keine Maschine. Zum Glück! Verlasse die ausgetretenen Pfade, betrete unbekanntes Land. Der Begriff der Konditionierung beschreibt die Maschine. Er beschreibt den vorhersehbaren Weg der Vergangenheit, auf dem sich in immer neuen Kleidern das Alte wiederholt. Auch wenn der Aufklärung geistige Begrenztheit innewohnt, ihre Vergötterung der Vernunft bis heute die Kommunikation zwischen der (äußeren) Wissenschaft und transrationaler Spiritualität verhindert, so hat sie die Menschen dennoch etwas Großes gelehrt: „Denk selber!" Nur ist diese Anweisung von weitaus größerem Umfang, als es ein Rationalist zu erkennen vermag. Sie impliziert das Wissen, dass ‚dein Denken' gar nicht dein Denken ist. Es ist Denken der Vergangenheit. Vergangenes Denken anderer Geister. Das Ich kann nicht anders. Es ist aus Vergangenheit zusammengesetzt. Der berühmte jüdische Sozialpsychologe Solomon Asch machte 1951 ein interessantes Experiment. Er war auf der Suche nach Antworten auf den Holocaust. Wie konnte das passieren? Genauer: Wie kann es sein, dass Menschen der durchsichtigsten Propaganda erliegen, welche dann zu ihrer eigenen Wahrnehmung wird?[25] Diese Frage treibt bis heute viele Psychologen und Philosophen an. In einem Versuch mussten die Teilnehmer die Länge von mehreren Linien bestimmen. Von vier aufgezeichneten Linien (A,B,C,D) waren zwei gleichlang, eine deutlich kürzer, eine deutlich länger. Im ersten Teil des Versuchs waren die Teilnehmer auf sich gestellt und hatten keine Probleme, die beiden gleichlangen Linien zu identifizieren. Im zweiten Teil traten instruierte Helfer auf, die die Aufgabe hatten, gemeinsam übereinstimmend falsche Antworten zu vertreten. Obwohl z.B. A und C gleichlang waren, behaupteten sie selbstbewusst und einstimmig, A und D seien gleichlang, obwohl D vielleicht die deutlich kürzere war. Nicht einmal jede vierte Versuchsperson blieb bei der eigenen, faktisch richtigen Wahrnehmung. Alle anderen schlossen sich der manipulierten ‚Wahrnehmung' an. Ein beeindruckender Versuch, der zeigt, wie sich ‚mein Denken' zusammensetzt, das von der Macht der Masse manipuliert wird.

‚Denk selber', das heißt auch: ‚Prüfe alles, was du prüfen kannst'. Und du hast das, was du lebst, nicht wirklich überprüft. Du hast nicht überprüft, ob es aus deinem innersten Wesen entspringt. Der Weg der Gewohnheit ist der bequeme Weg. Nichts muss wirklich hinterfragt werden. Und das Leiden, das menschliche Leiden an verblendeten

Ideen, das ist das Erbgut, für das du die Verantwortung trägst, weil du es festhältst, weil du dich selbst dort eingerichtet hast in dieser Funktion, die kein Leben ist. Und jetzt, wo das Chaos durchbricht, sei mit dem Chaos. Jeder spirituell Suchende, der bereit ist, tiefer einzutauchen in die Wirklichkeit, muss durch das Chaos und die Destrukturierung des denkenden Geistes, so dass dieses falsche innere Gebäude zusammenbricht. Und wenn dieses Chaos herrscht, dann braucht es deine Bewusstheit zu wissen, was dein wirklicher Wunsch ist. Du musst mit diesem Chaos nichts tun, auch wenn es dir Angst macht, denn daraus entsteht eine höhere Ordnung. Von selbst.

ॐ

Suche nach Harmonie

F: Ich nehme Dinge auf mich, die ich nicht verursacht habe, um insgesamt eine Harmonie herzustellen, um Frieden zu haben. Und ich übernehme Schuld, Verantwortung, Last auf mich und kann ganz einfach nicht mehr sehen, ob es nichts mit mir zu tun hat, oder doch was mit mir zu tun hat. Das ist die Verwicklung. Wie kann ich das klären?

OM: Wenn eine Situation unharmonisch ist, möchtest du dann Harmonie?

F: Ja

OM: Das ist dein Fehler.

F: Ja, das stimmt. Das stelle ich gerade fest.

OM: Das ist nicht meine Lehre. Das ist die Lehre deines Geistes, der immer etwas anderes will als das, was ist. Ich sage, wenn die Situation unharmonisch ist, dann bist du mit dem, was unharmonisch ist, ohne nach etwas anderem zu suchen. Wenn die Situation harmonisch ist, bist du mit dem, was harmonisch ist, ohne nach etwas anderem zu suchen. Das Potenzial an erfahrbarer Realitätsnähe, das Potenzial an Realitätsberührung steckt ausschließlich in dem, was gerade geschieht. Einen anderen Ort für die Berührung mit Realität gibt es nicht. Allein das tiefere Verständnis dieser Haltung eröffnet dir eine zunehmende innere Harmonie. Denn du kannst durchaus in Frieden und Harmonie sein mit dem, was sich im Außen unharmonisch zeigt, genauso, wie du in tiefem Frieden und Harmonie sein kannst mit dem, was sich im Außen harmonisch gibt. Deine Verstrickung beginnt, wenn das Unharmonische dir Angst macht, und du dann aus der Vermeidung dieser Angst weitere Schritte einleitest, mit denen du nur zum Ausdruck gibst, dass du nicht akzeptierst, was ist. Wenn du vollkommen eintauchst in das, was unharmonisch ist, auch dann noch, wenn es unbequeme Begleiterscheinungen hat und Erregung und Schmerz auslöst, dann gewinnst du einen Frieden und eine tiefere Harmonie, die nicht abhängig ist von der äußeren Situation.

F: Das heißt, ich muss meine Suche nach Harmonie aufgeben?

OM: Ja, du musst deine äußere Suche nach Harmonie aufgeben, deine Bevorzugung von Harmonie gegenüber der Disharmonie. Zwanghafte Harmoniesucher sind Zornvermeider, eigentlich sind sie auf der Flucht vor ihrem eigenen Zorn, den sie durch Harmonie zu betäuben suchen.

Wer im Außen nach Harmonie sucht, wird ohnehin scheitern. Wenn du jedoch innerlich in einer Haltung von Akzeptanz in der Mitte verweilst, dann kann dir äußere Harmonie und Disharmonie nichts mehr anhaben, was nicht bedeutet, dass du dich im Krieg genauso wohl fühlst, wie in Frieden. Das wäre unnatürlich und nur in einem Zustand der Vollbetäubung zu bewerkstelligen. Aber du musst akzeptieren, dass dieser ernstzunehmende Seelenwunsch nach innerer Harmonie im Außen nie erfüllt werden kann. Äußerer Frieden ist ein Geschenk, ein begrenztes Geschenk innerhalb einer Welt, die in Polaritäten sich ausdrücken muss. Und niemand kann eine Garantie geben, dass nicht morgen ein Krieg ausbricht. Was machst du dann? Da hast du auch keine Chance. Die Chance liegt ausschließlich im Innen. Es ist die Chance, ein inneres Leben zu führen, in diesem inneren Leben reich beschenkt zu werden, und aus diesem Zustand des Beschenktseins dann auch die äußeren Geschenke zu empfangen. Eine äußerlich unharmonische Situation als ein Geschenk zu erfahren, das verlangt nach Einblicken in den *Weg der Kraft.*[26] Dieser Weg lehrt die Schüler über die inneren Zuflüsse der *Kraft,* und wie diese Zuflüsse zu öffnen sind. Eine unharmonische Situation besitzt, neutral gesprochen, ein erhebliches Potenzial an Kraft, die verfügbar gemacht werden kann, wenn der innere Schüler es versteht, sie weder zu benutzen, noch ihr auszuweichen. Dieser Weg lehrt Schüler die Unpersönlichkeit der *Kraft.* Sobald sie persönlich genommen wird, geht sie verloren. Das unwissende Ich hat völlig falsche Vorstellungen über Zuflüsse der *Kraft* und versucht ständig, Lebenssaft aus der Nicht-Realität zu pressen, z.B. aus seinen eigenen Vorstellungen über (äußere) Harmonie. Andere wiederum glauben, ihre *Kraft* aus Disharmonie, Zerstörung und blind ausgelebtem (persönlichem) Zorn zu gewinnen. Weder Harmoniesucher, die vor ihrem Zorn flüchten, noch Disharmoniesucher, die ihren Zorn blind entladen, haben die Kraft des Zornes verinnerlicht – und damit nicht zur Verfügung. Wahre, innere Harmonie ist eine Frucht des inneren Weges, eine Frucht innerer Vereinigung vermeintlicher Gegensätze, wie sie auf diesem Weg geschieht.[27] Eine der ganz großen Vereinigungen auf diesem Weg ist die Vereinigung von Zorn und Liebe. Von Jesus Christus ist sie überliefert. Diese Vereinigung kann nur geschehen, wenn sowohl die Liebe, als auch der Zorn vollständig aus der persönlichen Geschichte befreit werden. Erst wer in diesen unpersönlichen Zustand der *Kraft* zumindest einmal eingetaucht ist, beginnt das überlieferte Jesuswort: „Ich bin nicht gekommen, um Euch den Frieden zu bringen, sondern das Schwert." (Mt.10,34) als eine Lehraussage des Weges der *Kraft* zu erkennen.

ॐ

Fatalismus und Nicht-Hinschauen

F: Ich sehe eine Tendenz in mir, nicht genau hinzuschauen, und dann geschehen Handlungen, deren Konsequenzen unangenehm sind. Meine Frage ist: Kann ich diese Handlungen durch genaueres Hinschauen verhindern? Oder geschieht sowieso das, was vorherbestimmt ist, und es ist dann eigentlich egal?

OM: Wenn ich dir jetzt antworten würde, Handlungen geschehen ohnehin, wie sie geschehen, was würde dein Geist mit dieser Antwort anfangen? In was für ein Weltbild oder

Weltverständnis würde er diese Antwort einbauen? Siehst du, jenes Verständnis, auf das ich jetzt zu sprechen kommen werde, ist besonders im Kulturkreis östlicher Religionen sehr verbreitet, während es im Kollektiv des Abendlandes seit dem Ende des Mittelalters auf dem Rückzug ist. Und da diese Lehre, die aus dem Kern der inneren Traditionen stammt, nämlich ‚es geschieht sowieso', vom denkenden Geist nicht verstanden werden kann, wird daraus Fatalismus. Fatalismus ist konzeptualisierte und nicht verinnerlichte Gleich-Gültigkeit allen Seins. Ich könnte auch sagen, Fatalismus ist vorweggenommene Gleichgültigkeit, buchstäblich vor-gestellte Gleichgültigkeit. Tatsächlich beginnt jede menschliche Entwicklung in der Gleich-Gültigkeit, bis sich ein Geist entwickelt, der Unterscheidungskraft besitzt. Und durch den Einsatz und die Kraft der Unterscheidung ist nichts mehr *gleich* gültig, sondern alles *unterschiedlich* gültig. Nun gerät ein Mensch auf den inneren Weg und lernt, dass es darum geht, diese Unterscheidungskraft, die offensichtlich nicht ausreichend vorhanden ist, zu stärken und zu schärfen, womit wir bei dem genauen Hinschauen wären. Wenn nichts in dir eine Rolle spielen würde, wenn du wirklich tun und lassen könntest, was du willst, was dein Wille vorgibt, dann würde das ja voraussetzen, dass du in jeder Hinsicht vollständig frei von Leiden bist, mit anderen Worten: frei von Ich. Wenn du das aber nicht bist, dann musst du unterscheiden zwischen Handlungen, zwischen Lebensformen und Seinsweisen, welche die Seele nähren, welche dem SELBST dienen, der inneren Freiheit, der Tiefe, Weite und Stille – das ist die eine Seite. Und auf der anderen Seite lernst du, dass es Handlungen gibt, Umgangsformen mit Menschen, Seinsweisen, Denkformen, Weltbilder usw., die keineswegs im direkten Sinne

Seelennahrung sind, die keineswegs im direkten Sinne der Freiheit von Leiden dienen. Und weil das so ist, weil es Kräfte gibt, die dem Leiden verfallen, dem Schlaf der Unbewusstheit, deshalb musst du unterscheiden. Bevor alles gut ist, wie es ist, musst du wissen, was gut und was schlecht ist.

Wenn ein Mensch spirituelle Gleich-Gültigkeit erkennt, dann hat das nichts mehr von Fatalismus, nichts mehr von einer vorweggenommenen Gleichgültigkeit, die noch nicht durch die Erweckung der Unterscheidungskraft gegangen ist. Es ist widersprüchlich, wenn ich dir sage: Es ist wahr, dass alles gut ist, wie es ist, und es ist genauso wahr, dass du währenddessen genau unterscheiden musst, was für dich, für die Nahrung der Seele gut ist und heilsam, und was nicht. Das ist widersprüchlich, so wie der ganze Weg.

Und jetzt kehren wir zurück zu deiner Thematik des ungenauen Hinschauens. Wenn wir auf dem inneren Weg beginnen, Kräfte des Geistes zu lokalisieren, wenn wir lernen, den Spuren des Geistes zu folgen, dann finden wir verborgene Tendenzen. Gangaji nannte sie ‚latent tendencies'. Eine der ganz großen, vielleicht die größte und giftigste dieser Tendenzen ist Bequemlichkeit, die umfänglich schwer zu fassen ist. Bequemlichkeit ist das wirksamste Gift, welches gegen das Genau-Hinschauen wirkt. Wer in keinem Fall genau hinschauen möchte, sollte möglichst häufig der Bequemlichkeit frönen und sich ihr vollständig hingeben, spricht der *advocatus diaboli*. Denn diese Kraft verdunkelt das Bewusstsein so sehr, vergröbert die Wahrnehmung derart, dass es gar keine Möglichkeit mehr gibt, genau hinzuschauen.

Die Mittel der Wahrnehmung des inneren Menschen müssen geschult werden. Er muss von diesen Kräften wissen und in der Lage sein, sie lokalisieren zu können, ihre Wirkung ausmachen zu können und letztlich den Moment erkennen zu können, wo er nach dieser Kraft greift. Und das ist der Moment, in dem sich das Bewusstsein zu verdunkeln beginnt, so dass du im ganz realen Sinne innerlich nicht mehr sehen kannst. Es wird dunkel, was nicht im übertragenen Sinne gemeint ist, sondern im ganz direkten und realen Sinne. Es ist, als wenn eine dunkle Wolke aufzieht und die Sonne verdunkelt. Die Sonne steht für das Licht des Bewusstseins selbst, das ewige Licht, das jederzeit brennt, strahlt, leuchtet. Nun ist es so, dass ein ganz normaler Mensch bis zu einem gewissen Punkt jederzeit unter dieser dunklen Wolkendecke lebt, jederzeit eine Verdunkelung des Bewusstseins in sich trägt. Das innere Feuer ist das Licht, das wir brauchen, um diese Verdunkelung zu er-leuchten. Das genaue Hinschauen stellt sich zunächst als eine Anstrengung, als eine Konzentration dar, aber letztlich kann ich dir sagen, ist das Genau-Hinschauen nur eine Beschreibung der natürlichen Qualität, der innewohnenden Kraft des Bewusstseins selbst. Wenn du dir vorstellst, du lebst in einem Raum, dieser Raum ist riesengroß, hat keine Grenzen, und dieser Raum ist erleuchtet, beleuchtet, voller Licht, dieser Raum ist in Bewusstsein, alles **ist** Bewusstsein, was spielt dann die Idee, genau hinzuschauen, noch für eine Rolle? Alles ist bereits geschaut. Genau hinschauen spielt eine Rolle, solange es Verdunkelung des Bewusstseins gibt, und deswegen benutze ich manchmal dieses Bild, dass ein Mensch mit dem inneren Laserstrahl an ganz bestimmte Punkte schauen muss, die ganz genau unter diesem kleinen scharfen Lichtkegel erscheinen müssen. Das sind nämlich genau die Punkte, die man in der

Psychologie als *blinde Flecken* bezeichnet. Punkte, von denen es viele gibt, die die Wahrnehmung und die Aufmerksamkeitshaltung eines normalen Menschen einfach überfliegt, übersieht und dezent daran vorbeischaut, so dass sie nicht beleuchtet sind, so dass sie dunkel bleiben. Erleuchtung ist nicht nur im übertragenen Sinne Erleuchtung, Erleuchtung ist auch im ganz direkten Sinne Erleuchtung, in dem Sinne, dass nämlich alles er-leuchtet ist, dass es keine Verdunkelung mehr gibt.

ॐ

Nur ein scharfes Schwert kann scharf trennen

F: Es ist schwierig für mich auseinander zu halten, was wirklich echt ist, und wo ich ein Gefühl selbst erzeuge.

OM: Glaubst du nicht, dass du den Unterschied kennst, wenn du scharf hinschaust?

F: Wenn ich scharf hinschaue, ja.

OM: Und was hindert dich daran, scharf hinzuschauen? Ich spreche oft von der Notwendigkeit, das innere Instrument der Aufmerksamkeit zu schärfen, so dass aus einem stumpfen Schwert – denn das Schwert der meisten Menschen ist stumpf – ein scharfes Schwert wird. Nur ein scharfes Schwert kann scharf trennen, was zu trennen ist. Die Situation, die du beschreibst, ist vergleichbar mit diesem Ratespiel, das du in Kinderzeitschriften findest. Es gibt da ein Originalbild und direkt nebenan gibt es ein Bild, in das einige Fehler eingebaut sind, und du sollst jetzt die

Fehler finden. Auf den ersten Blick sind beide Bilder gleich. Und auch auf den zweiten Blick vielleicht noch.

Menschen leben in Täuschung, in Selbsttäuschung, weil sie das Original nicht von der Fälschung unterscheiden können. Die Unwahrheit verhält sich nicht polar zur Wahrheit. Vielmehr verhält sich die Unwahrheit zur Wahrheit so wie die Fälschung zum Original. Das bedeutet auch, dass dieses Ich, welches sich im Besitz einer großen Fälscherwerkstatt befindet, jeden Zustand imitieren kann, selbst Erleuchtung. Und es gibt manche, die lebten jahrelang in dem Glauben, sie seien erleuchtet, bis sie dieser Täuschung auf die Spur kamen. Um die notwendige Schärfe innerer Aufmerksamkeit zu erlangen, braucht es zunächst einmal die Bereitschaft, genau hinzuschauen und es überhaupt wissen zu wollen. Deswegen frage ich angehende Schüler des Weges: „Willst du es wirklich wissen?" Denn irgendetwas in ihnen will es nicht wissen. Das ist die Gegenkraft im menschlichen Geist, der sogenannte *innere Gegner*. Irgendetwas in ihnen will es nicht wirklich wissen, weil wahres Wissen gefährlich ist für das Ich. Aber das ist nur die eine Seite, denn gleichzeitig ist es zutiefst befreiend, wenn die Seele endlich aussprechen darf: Ich will es wirklich wissen.

F: Was kann ich tun, um die Aufmerksamkeit wirklich zu schärfen?

OM: Nichts. Die Aufmerksamkeit **ist** scharf. Du musst lediglich damit aufhören, die innere Qualität der Schärfe abzustumpfen durch Selbstbetäubung. Diese Qualität steht innerlich nur dann zur Verfügung, wenn Zorn mit Bewusstsein gefüllt ist. Wie soll deine Aufmerksamkeit scharf sein, wenn du den Großteil deiner Kraft dafür verwendest, Zorn zu betäuben? Die Narkotisierung von Zorn lähmt nicht nur den Zorn. Sie lähmt die gesamte Aufmerksamkeit, die eine zunehmend dumpfe Qualität annimmt. Im Kern des Zornes, im geläuterten, im verinnerlichten, nicht ausagierten Zorn verbirgt sich das innere Feuer. Seine Flammen lehren die innere Schärfe, während das Innerste, die Glut, die Vereinigung von Schärfe und Weichheit lehrt.

ॐ

Gewalt

Festhalten an Zartheit

F: Heute Nacht hatte ich einen schrecklichen Traum: Ich träumte, eine Leiche zu begraben, die dann mit einer gewalttätigen Fratze wieder zum Leben erwachte.

OM: Hast du sie ver- oder be-graben?

F: Jetzt wo Du fragst, scheint es mir, ich hätte sie vergraben und war deshalb so erschrocken, als sie wieder zum Leben erwachte. Gerade in diesen Tagen habe ich so ein Gefühl der Zartheit und frage mich, woher dieses gewalttätige Bild kommt?

OM: Aber was ist diese Gewalt wirklich, wenn du ihr begegnest, anstatt sie zu vergraben? Um das zu erkennen, musst du bereit sein, ihr ins Auge zu schauen.
Wenn die Zartheit in dir auftritt, dann möchtest du sie nie wieder verlieren. Du möchtest dich damit identifizieren und so tun, als wenn es diese Gewalt gar nicht mehr gibt. Du möchtest sie vergraben, denn diese Zartheit, diese Süße, fühlt sich so viel mehr wie Liebe an als diese Gewalt.
Und dann gehst du in *Darshan*, um diese Zartheit zu kultivieren. Aber du kannst sie nicht halten. Sie wird dich wieder verlassen. Und wenn sie dich verlässt, kommt vielleicht mit Gewalt die andere Seite empor und erinnert dich daran, dass du die Welt der Gegensätze nicht überwinden kannst, jedenfalls nicht in der Erscheinungswelt.
Und dann fühlst du dich schmerzhaft daran erinnert, dass auch die Zartheit nur eine Illusion war, und dass du

dachtest, du könntest sie behalten, weil sie sich so gut anfühlte und weil diese Qualität dem Herzen so viel näher schien als Gewalt. Sie kam, sie war schön, zerbrechlich und anmutig, aber sie ging wieder, so wie alles in der Erscheinungswelt. Selbst die subtilsten Phänomene, nehmen wir ‚Energie' oder ‚Licht', sind nur vorübergehender Natur. Das bedeutet, auch sie werden uns wieder verlassen. Die höchsten inneren Lehren sind die Lehren des Jenseits, so wie Zen, oder advaita. Sie lehren über die einzig existierende, ewige *Realität*, die nur von denjenigen erkannt wird, die die Erscheinungswelt verlassen haben. In dieser Erscheinungswelt gibt es wunderbare Phänomene, besonders innere Phänomene, die dem Innersten schon ganz nah zu sein scheinen. Die von dir erfahrene Zartheit gehört dazu. Und dennoch fordert die Lehre von dir, sie wieder aufzugeben. Nur, um diese einzig existierende Realität, die Christen nennen sie GOTT, erkennen zu können.

F: Die Zartheit fühlt sich wie eine Herzensqualität an.

OM: Das ist wahr und dennoch **bist** du nicht zart, vielmehr ist in dir Zartheit und auch Gewalt, die nicht wirklich Gewalt ist, sondern reine Shakti-Kraft. Und du musst aufhören zu glauben, dass diese Natur-Gewalt, welche reine Kraft ist, die Zartheit wirklich zerstört. Hör auf zu versuchen, Gegensätze zu trennen, die nicht getrennt werden können, denn jede Form des Tuns bringt Disharmonie in die bereits existierende Harmonie der Gegensätze unpersönlicher Kräfte.
Es ist dein Geist, der die Gewalt missbraucht, um die Zartheit zu zertrampeln und zu zerstören. Es ist nicht die Natur-Gewalt selbst, die das tut. Du bist es, dein Geist ist

es, er lässt geistige Gewalt entstehen, die sich auch körperlich entladen kann. Und so wird aus natürlicher Gewalt[28], jenem machtvollen Walten des SEINS, Missbrauch und Zerstörung von Leben, Zerstörung der Zartheit des Herzens. Lass Natur-Gewalt in dir Natur-Gewalt sein und die Zartheit bleibt unberührt.

ॐ

Gewalt gegen den Körper

F: Ich habe eine schwere Allergie gegen fast alles und kämpfe mich täglich durch das Leben. Wie kann ich diesen Kampf denn aufgeben?

OM: Diese Krankheit, in der auch eine Verlagerung auf die körperliche Ebene geschehen ist, diese Krankheit ist Ausdruck einer Form von nach innen gerichteter geistiger Gewalt, in der fast jede Ausdrucksform des Lebens und der Lebendigkeit als Feind erkannt und bekämpft wird. Gewalt kann nur so lange aufgebracht werden – innerlich wie es einen Feind gibt. Ohne einen (inneren, oder äußeren) Feind macht Gewalt keinen Sinn. Der Tod des Feindes raubt ihr die Kraft. Nur sind sich die Menschen, die Gewalt gegen Feinde im Außen anwenden, nicht darüber bewusst, dass sie einen inneren Feind bekämpfen und dass dieser innere Feind womöglich noch eine Illusion ist. Die Gewaltausübung der Menschen ist in Wirklichkeit ein reines Schattenboxen, der Geist bekämpft seinen eigenen Schatten, im Innen, oder im Außen. In deiner Welt ist auch der Körper zum Feind erklärt worden, so dass du glaubst, der Körperlichkeit Gewalt antun zu müssen, weil du sie nicht schätzt, weil du ihr jenen niederen Status einräumst, den ihr auch die christliche Konditionierung über viele Jahrhunderte eingeräumt hat.

F: Aber Du lehrst ja selbst, so wie alle advaita-Lehrer, dass der Körper einen niederen Status hat.

OM: Das ist wahr, aber das bedeutet nicht, ihn bekämpfen zu müssen. Im Gegenteil: Um in die grenzenlose Weite des Bewusstseins einzukehren, akzeptierst du im ersten Moment auch den Körper als deine Heimat. Solange du glaubst, dass die Heimat ausschließlich im Jenseitigen liegt, und dass der Körper dafür zerstört werden müsse, kannst du sie nicht finden. Höchste Erkenntnis, welche die Körperidentität transzendiert, ist nur möglich mit dem Körper, nicht gegen den Körper. Körperfeindlichkeit ist, seitdem die Christen im 4. Jahrhundert zu den eigentlichen Machthabern im *Imperium Romanum* aufstiegen, ein fester Bestandteil christlicher Überlieferung gewesen, d.h. sie hat ihren festen Platz im abendländischen Erbe. Erst in der modernen Zeit hat sie begonnen, sich ins Gegenteil zu verkehren, aber der zunehmende Körperkult ist keinesfalls notwendigerweise Ausdruck integrierter Körperlichkeit. Der integrale Weg lehrt auch die *Große Ordnung*[29], in der das Höhere das Niedere integriert: Körper, Geist und Seele[30]. Die Seele enthält den Geist, der Geist enthält den Körper. Die Seele kämpft nicht gegen den Geist. Der Geist kämpft nicht gegen den Körper. Nicht, wenn er erkennt, dass der Körper in ihm enthalten ist. Also schätze dieses Gefäß, auch wenn es zunächst als deine Begrenzung erscheint, aber es ist nicht der Körper, der dich begrenzt. Es ist nicht der Körper, der dir zur Last fällt, sondern vielmehr der Geist. Er hat den Körper nicht integriert, so wie es der integrale Weg lehrt, sondern er hat sich von ihm getrennt, nur um sich dann seiner zu bemächtigen. Ist es nicht erstaunlich, dass diese ungeheure Last, die du mit dir trägst, in der vermeintlichen Schwerelosigkeit deiner Gedanken liegt? Und dass der Körper, der in seiner Masse so schwer erscheint, plötzlich sehr leicht wird, wenn er von der Last der religiösen und nicht religiösen Konzepte befreit wird?

F: Ja, das ist sehr erstaunlich und befreiend. Vielen Dank!

ॐ

Die Integration von Lastern

F: OM, Du hast heute über Gewalt gesprochen, und ich habe versucht, dem etwas näher zu treten und habe gespürt, dass ich eine höllische Angst davor habe, weil ich mich von dieser Kraft abgespalten habe. Und ja, ich möchte die Unterschwelligkeit ans Tageslicht bringen und ihr damit die Heimlichkeit nehmen. Denn weil ich die Gewalt verheimlichen wollte, habe ich sie gegen mich gewandt, was zu Krebs geführt hat.

OM: Nun, dann ist das ein ziemlich massiver Weckruf für dich, würde ich sagen. Es möchte dir auch sagen, dass du keine Zeit zu verlieren hast. Abspalten tun wir immer das, von dem wir glauben, es sei moralisch nicht vertretbar. Dann spalten wir Gewalt ab und tun so, als gäbe es sie nicht mehr. Der Krebs erinnert dich daran, dass Abspaltung keine Vernichtung ist, keine Auslöschung, keine Entleerung. Abspaltung bewirkt nichts anderes als vorübergehende Erleichterung, bei gleichzeitiger Verlängerung des Leidens und Destruktivität gegen Leib und Seele. Wenn dir geistige Inhalte, die gewalttätig in deinem Bewusstsein auftauchen, nach deinem alten, christlich geprägten System unmoralisch vorkommen, dann musst du dir auch erlauben, innerlich unmoralisch zu sein.

F: Aber Du willst mich doch nicht zu unmoralischem Handeln aufrufen?

OM: Ich spreche nicht von Handlungen, geschweige denn von unbewusstem Ausagieren, sondern von einem inneren Raum, der durch die bewusst eingesetzte Kraft der Erlaubnis geöffnet wird. Dieser unmoralische Inhalt kann in diesem Raum sein, ist dort dem Licht des Bewusstseins ausgesetzt und verbrennt dort. Deine Schwierigkeit besteht darin, dass es zu dieser Raumöffnung nicht kommt, weil das Verbot das nicht zulässt. Glaubst du wirklich an die Idee eines strafenden Gottes, der dich dafür bestraft, wenn du dich innerlich unmoralisch fühlst und dich belohnt, wenn du dich moralisch fühlst? Das ist ein religiös verwurzelter Glaube des Ichs, der einer veräußerlichten Religion entspringt, die noch in den Kinderschuhen steckt. Gleichwohl sind auch in der heutigen Zeit selbst vermeintlich unreligiöse Menschen, die keinen inneren Weg gehen, in dieser geistigen Struktur gefangen. Das sogenannte Über-Ich ist religiöser Natur, es hat sich über tausende von Jahren entwickelt und ist tief ins Unterbewusstsein eingedrungen.
Gott will, dass du frei bist, Gott will, dass du erkennst, wer er ist. Das kannst du nur in Freiheit, und um das Konzept deiner religiösen Moralvorstellungen zu sprengen,

erlaubst du dir für einen Moment, religiös unmoralisch zu sein und die Zustände zu integrieren, die dein altes, an das Kollektiv angeschlossene Denken als religiös unmoralisch verurteilt hat. Die realisierte Tugendhaftigkeit des Wesens des Menschen ist keine Frage des geistigen Ausschlusses von Lastern, es ist vielmehr eine Frage der Integration von Lastern. Das sind Worte, die auf etwas sehr Grundlegendes hindeuten, nämlich ein tiefgreifendes Missverständnis über die Bemühung des Menschen, gut zu sein vor Gott.

Als Kinder haben wir gelehrt bekommen, dass wir in den Himmel kommen, wenn wir gut sind. Und gerade weil dieses Glaubenskonstrukt so kindlich und so einfach ist, ist es auch so wirkungsvoll in einer Denkweise, die als lineares Denken bezeichnet wird. In der Realität dieser Denkform bewegt sich die Masse der Menschen, und ich spreche nicht von Kindern. Diese Denkform lässt es nicht wirklich zu, dass Laster integriert werden, denn Integration bedeutet immer bewusste Vereinnahmung. Im linearen Denken jedoch strebt das vermeintlich Böse von mir weg. Und Gewalt ist nun einmal böse in deiner Welt. Aber was du dabei übersehen hast, ist, dass du – während du Gewalt als böse abgespalten hast – Gewalt ausgeübt hast, um das zu tun. Dieser blinde Fleck ist es, der in der Geschichte der Menschen zu viel Leiden geführt hat. Selbst im Namen der Aufklärung geschah während der Französischen Revolution genau das, als die Revolutionsgarden von Robespierre die ‚Feinde der Revolution' zu Tausenden hinrichteten. Im Namen der Tugend, im Namen der Freiheit. Dieses lineare Denken zu überwinden, verlangt danach, alle vermeintlichen Laster mit der Wirkmacht der bewussten Erlaubnis nach innen zu nehmen, sich ihrer bewusst zu sein, ohne sie mit weiteren Gedanken verändern zu wollen. Die höchste Tugend des Menschen ist die Bewusstheit. Bewusstheit ist keine Eigenschaft des Charakters, sondern die innewohnende Eigenschaft des (unpersönlichen) Bewusstseins selbst.

ॐ

Die Kraft an sich reißen

F: Eben habe ich eine dunkle, zerstörerische Kraft gespürt, und ich habe das Gefühl, dass ich die meistens abtrenne von mir und sie auf diese Weise entarte. Kannst Du mir etwas über die Vorgehensweise vom Geist sagen, wie ich die Kraft an mich reiße?

OM: Jede Form von Gewalt auf Erden, die von Menschen ausgeübt wird, nach innen oder nach außen, ist ausschließlich eine Folge davon, dass ein Jemand – nennen wir ihn den denkenden Geist - die Kraft an sich reißt. Wenn niemand die Kraft an sich reißen würde, wenn die Menschen in diesem subtilen, inneren Zustand leben würden, in dem das möglich ist, dann gäbe es nur noch *Kraft*, aber keine Gewalt mehr. Der Mensch wird geboren, und in diesem Menschen entsteht während des ersten Abschnittes der Evolution, die ich die *Erste Inkarnation* [31] nenne, die Identifikation eines Ichs mit verschiedenen Ebenen der *Kraft*, welche die Evolution ohne Zutun des Ichs entfaltet: grober, animalischer Kraft auf der körperlichen Ebene (1.Körper), feinstofflicher Kraft des Emotionalkörpers (2. Körper), *Prana, Chi*, oder Lebenskraft genannt, und feinststofflicher, geistiger Kraft (3.Körper). All diese Kräfte erscheinen dem Ich sehr verführerisch, und es sagt: „Will ich haben". Diese grundlegende Tendenz der Inbesitznahme ist eigentlich die Wurzel allen Übels. Wenn du das aufgeben kannst und nichts mehr für dich haben willst, wenn du alles frei lässt, alles aufgibst, dann gibt es keine Gewalt mehr in dir, kein Festhalten, und letztlich auch kein Ich mehr.

F: Das hört sich so einfach an, wenn Du das sagst.

OM: Ja, so einfach ist das. Das Finale auf dem Weg der Wahrheit ist immer einfach. Doch wenn der radikale innere Weg die Menschen lehrt: Du verlierst alles und bekommst nichts, dann erscheint das dem Anfänger, der immer der Haben-Kultur verpflichtet ist, wenig attraktiv. Die Haben-Kultur des Ichs ist nicht auf Verlieren aus, sie ist auf Gewinnen aus. Schau dich an und schau dich um bei den Menschen. Was haben sie alles zu verlieren? Ich rede nicht von materiellen Gütern. Das ist noch das Harmloseste, was sie zu verlieren haben. Ich rede letztlich von dem, was sich zu einem Geist geformt hat, der sich nun ‚mein Geist', oder einfach ‚Ich' nennt: meine Identität, mein Name, meine Form, meine Geschichte, das haben sie zu verlieren. Alles, was sich im Geiste konstruiert hat, muss wieder dekonstruiert werden, indem die Identifikation damit aufgegeben wird. Was ein Jemand an sich gerissen hat, kann er auch wieder loslassen. Doch dieser Akt im Bewusstsein ist nur möglich, wenn zerstörerische Kraft zugelassen wird. Trennst du diese Kraft und ihre dunklen Anteile ab, dann bedeutet das erstens, dass nicht zerstört werden kann, was zerstört werden muss, dass du nicht verlieren kannst, was verloren werden muss, um frei zu sein, und zweitens, dass sie Kanäle nimmt, nennen wir sie Nebenarme des Quellenstromes, welche sie verunreinigen. Und diese Unsauberkeit im Fließen dieser Kraft nach innen oder nach außen, das nennen wir dann Gewalt.

F: Ich spüre gerade, dass ich diese dunkle, zerstörerische Kraft deswegen abtrenne, weil sie mir Angst macht. Und das, was durch die Abtrennung geschieht, nämlich Formen der Gewalt, die machen wiederum auch Angst.

OM: Kein Weg führt an der Angst vorbei. Es ist die Kraft des Todes, es ist der Tod selbst, der sich in ihrem Innersten verbirgt. Der Tod, so wie wir ihn verstehen, zerstört Leben, deswegen fürchtet das Ich ihn. Dieses Ich sieht nicht, dass der Tod eine andere Dimension, eine spirituelle Dimension besitzt, und dass seine Aufgabe möglicherweise eine gänzlich andere ist. Wir können von der höheren Oktave der Kraft des Todes sprechen, der wir auf dem Weg der Bewusstwerdung begegnen. Das bedeutet dann, dass der Tod nicht mehr als der Zerstörer von Leben auftritt, sondern als das Tor zur Ewigkeit.

F: Das heißt doch, die Ausübung von Gewalt in diesem Akt der Abtrennung richtet sich eigentlich gegen den Tod?

OM: Ja, der Geist übt Gewalt aus, will töten, um dem Tod zuvor zu kommen, um nicht getötet zu werden, um dem nicht nahe zu treten, wirklich nahe zu treten. Hingabe an den Tod, kann man das von einem normalen Ich verlangen? Ist das nicht Harakiri, Kamikaze, Suicid? Oder existiert ein weiseres, auch ein sanftmütigeres Verständnis davon, was das heißt: Hingabe an den Tod? In jedem Fall benötigst du den nahen Kontakt mit dieser Kraft. Es ist für den denkenden Geist nicht zu verstehen, dass es diese zerstörerische Kraft ist, die, wenn wir intimsten Kontakt mit ihr aufnehmen, letztlich verantwortlich dafür ist, wahres Leben, pulsierendes Leben zu generieren. Und dieses Leben, von dem ich spreche, das ist nicht Leben in der Zeit, es ist nur ein Augenblick. Ein Augenblick im Puls der Ewigkeit.

ॐ

Ignoranz

Das Desinteresse am Selbst

F: Ich möchte mich einbringen, weil ich gerade sehr mit diesen Phänomen der Gegenbewegung und Zerstreuung zu tun habe. Bei unserem letzten Zusammentreffen hatte ich wirklich das Gefühl von Präsenz und Offenheit, und jetzt ist es einfach so, dass ich ein Gefühl von Unfokussiertheit habe und von einer Verzettelung, so dass ich mich wirklich frage: Was mache ich da? Wie kann ich dem anders begegnen?

OM: Also, verstehe ich dich richtig, du bestätigst gerade das, was ich in dem Dialog zuvor erwähnte, nämlich jenes immer wieder beobachtete Phänomen, dass nach einer größeren Öffnung im Bewusstsein des Schülers auf dem inneren Weg Formen der Gegenbewegung auftreten? Habe ich das richtig verstanden?

F: Ja, das ist richtig.

OM: Gut. Es ist eigentlich gleichgültig, welcher Art die Formen der Gegenbewegung sind, was sie zum Inhalt haben. Wir müssen auf eine höhere Ebene der Betrachtung wechseln. Ist es nicht im Grunde eine Schande, dass nach einer Öffnung des Bewusstseins, nach einer Weitung deiner Identität Gegenbewegungen auftreten, mit dem Ziel, dich wieder zu verschließen? Erschüttert es dich nicht, dass es überhaupt geschieht? Das ist doch kein natürlicher Akt des Bewusstseins, dass so etwas geschieht.

F: Ja, es ist ein Akt von Desinteresse.

OM: Ja, das Desinteresse am Selbst ist das schleichende Gift, das jeder Mensch genommen hat und nimmt, und es ist deine Aufgabe, dich diesem schleichenden Gift zu stellen, anstatt in Ohnmacht, Hilflosigkeit und Opferidentitäten zu verschwinden. Du begegnest dem Selbst, du begegnest dem Erhabenen, dem Großen, du kannst es noch nicht in Worte fassen, aber du berührst es. Und dann, im nächsten Atemzug, tritt unversehens Desinteresse auf – das ist dein Gegner. Von wo taucht der so plötzlich auf? Aus dem Nichts. Von diesem Gegner musst du dich erschüttern lassen, um Heilung zu erfahren von den Wirkungen dieses Giftes. Denn das ist eigentlich die subtilste und gleichzeitig die umfassendste Form von Gewalt gegen das Selbst, das Desinteresse an der Wahrheit. Ich erinnere mich an einen Dialog mit dir, in dem ich davon sprach, dass du ein ‚beiläufiges Leben' führst. Was ist denn Beiläufigkeit, wenn nicht eine Form des Desinteresses? Desinteresse ist der Name einer geistigen Krankheit, die das Bewusstsein der Menschen befallen hat, Desinteresse am wirklich Wesentlichen. Können wir Unwissenheit überhaupt ohne das Konzept von Desinteresse erfassen? Unwissenheit und Desinteresse sind eng verknüpft und bilden gemeinsam ein Fundament menschlichen Leidens in geistiger Begrenztheit. Alle Abwehrfunktionen (Widerstände, Ängste) liegen darüber, beschäftigen die Menschen, so dass das tiefer liegende Desinteresse nicht deutlich in Erscheinung tritt. Dazu kommt, dass die meisten Menschen dieses Desinteresse projizieren und andere dafür beschuldigen, dass sie sich nicht wirklich ‚für mich' interessieren. Zuerst sind es die Eltern, dann sind

es Partner und weltliche Lehrer, später vielleicht ein spiritueller Lehrer, und am Ende ist es Gott. Diese Beschuldigungen reichen tief, sie sind höchst renitent, werden sehr subtil, und sie sind Ausdruck davon, dass die Verantwortung für dieses Desinteresse an dem Selbst nicht übernommen wird.
Es ist auch für dich ein großer Schritt, dich ganz und gar für dich selbst/das Selbst zu interessieren, obwohl es doch das Natürlichste überhaupt sein sollte. Ich kann dir versichern, es geht in diesem Leben um nichts anderes. Deswegen lautet meine Aufforderung: Interessiere dich vollständig für das Selbst, ohne intellektuell zu wissen, oder zu verstehen, wer das ist. Und du verstehst mich dennoch und kannst sehr wohl unterscheiden, welcher Weg der Innenkehr dieses Interesse nährt und welche Formen der Abkehr diesem Interesse zuwider laufen.

F: Ich kann diese grundlegende Haltung wahrnehmen in mir, das war mir noch gar nicht so klar.

OM: Indem wir jetzt und hier so detailliert über dieses Desinteresse im Dialog sind und diese verborgene wie grundlegende Haltung ins Licht des Bewusstseins geholt haben, wird bereits dein wahres Interesse genährt. Deshalb bist du zu mir gekommen, und du kannst dir den bisherigen Vorwand deines Geistes „ich will ja, aber ich kann nicht" nicht mehr abnehmen. Wirkliches Interesse am Selbst führt zu wirklicher Empfängnis, die innere Dualitäten zum Schmelzen bringt. Ich bin interessiert. Ich bin offen. Ich empfange. Es geschieht.

ॐ

Mitgefühl mit der Ignoranz (Vom indirekten zum direkten Weg)

F: Ich gehe immer wieder den indirekten Weg. Und ich weiß, es ist eine Form von Angst, dass ich den Sprung ganz oft nicht tue. Aber warum tue ich den nicht? Warum tue ich den einfach nicht? Welche Instanz ist das in mir, die einfach nicht springt?

OM: Kann Ignoranz wirklich verstanden werden? Wie kann es sein, dass der Mensch wider besseren Wissens und Gewissens, wider besserer Erfahrung, wider der Offensichtlichkeit, vor dem einfachen und nahen Glück zu stehen, dennoch zwanghaft immer wieder den alten Weg wählt, den Umweg, Rückweg, Irrweg, in jedem Fall den indirekten Weg? Ignoranz ist logisch nicht begreifbar, sie macht keinen „Sinn". (*Logos* meint nicht nur ‚Rede', oder ‚Wort', sondern im weiteren Sinne auch den ‚Gesamtsinn der Wirklichkeit') Es gibt etwas Un-intelligentes im menschlichen Geist, einen Punkt, an dem er einfach nicht lernen will. Eine Lernunfähigkeit, eine Lernbegrenzung, die durch eine nicht realisierte Gegenbewegung dieses Geistes ausgelöst wird. Wir wollen das näher erforschen. Aber zunächst können wir uns davon wirklich nur berühren lassen. Von dieser Ignoranz, von diesem nicht verstehbaren Widerstand gegen uns selbst, in Mitgefühl mit uns selbst, welches die Gegenbewegung auflöst und damit den inneren Abstand zusammenschmelzen lässt. Denn du setzt das Gehen des indirekten Weges fort, wenn du anfängst, die Ignoranz zu verurteilen, mit ihr zu hadern und zu versuchen, gegen sie vorzugehen, womöglich mit angestrengter, rationaler Intelligenz. Es ist nicht zu verstehen. Wenn du jedoch dich selbst an diesem Punkt berührst, dann ist das ein Moment des *direkten Weges*. Du fühlst den Schmerz, ein Leben gegen dich selbst zu führen. Es ist irrational, wenn wir die Ratio zur Abwechslung einmal als ein (relatives) Synonym für Intelligenz einsetzen. Aber der ernsthafte Selbsterforscher hat bereits vieles als irrational entdeckt, von dem er zuvor geglaubt hatte, es sei rational. Es sind so viele merkwürdige Dinge passiert, seitdem dieses Ich begann, den Einheitszustand zu trennen. Es sind so viele Missverständnisse geschehen. Ein Missverständnis folgte dem nächsten, diese Kette nennt man den Prozess der Selbstentfremdung, sie ist ein fester Bestandteil der Evolution des Bewusstseins. Dem können wir nur in Mitgefühl begegnen, Mitgefühl mit uns selbst, ohne Fragen zu stellen, ohne verstehen zu wollen, ohne dieses quälende ‚Warum?', diese verlorene Suche nach Sinn. Warum ist das so? Wie kann das sein? Es ist nicht verstehbar. Die geistige Verhärtung, die Ignoranz, kann sich nur in diesem Mitgefühl lösen. Das ist der Schlüssel, und das ist ein Augenblick des *direkten Weges*. Das Zulassen direkter Berührung ist ein großes Tor für das Betreten des *direkten Weges*. Augenblicklich beginnt dann Intelligenz in mir zu wirken, sich zu öffnen. Reine Intelligenz (Yang) und nackte, innere Berührbarkeit in Liebe (Yin) gehen Hand in Hand und bilden gemeinsam den *direkten Weg*.

Die sogenannte Intelligenzia dieser Gesellschaft, die den Menschen Intelligenz vorlebt, ist nicht von der gleichen Intelligenz beseelt, wie jene, die auf dem *direkten Weg* wirkt. Dies ist ein innerer Weg, ein Erfahrungsweg, auf dem inneres Wissen über das Selbst aus erster Hand erworben wird. Wissen aus zweiter Hand berührt dich nicht in deinem Innersten. Selbst wenn du noch so lange studierst, dich noch so sehr bemühst, die spirituellen Lehren, die Philosophien und die Naturwissenschaften im Kern zu verstehen, das

Wissen aus zweiter Hand wird beschränkt bleiben, wird die Ignoranz nicht vollständig auslöschen können. In dem Moment der Trennung, der Moment, der in der christlichen Lehre der Sündenfall genannt wird, in dem Augenblick geschah im menschlichen Geist eine wesentliche Bewegung. Er empfand das, wovon er sich getrennt hatte, als bedrohlich und wandte sich dagegen. In dem Augenblick entstand Ignoranz. Ignoranz birgt eine Haltung passiven Zornes, sie ist das Ur-Nein des Ichs zu Dem-Was-Ist.

ॐ

Ignoranz kann nicht wahrnehmen

F: Guten Morgen, OM. In mir zeigt sich immer wieder Ignoranz, Zurückweisung. Bis jetzt habe ich das einfach hinunter gedrückt. Und jetzt geht's nicht mehr. Ich weiß gar nicht genau, was ich in mir eigentlich ignoriere, was ich zurückweise. Im Moment kommt mir gerade: die Nähe, die ich nicht zulasse.

OM: Ignoranz ignoriert Wahrheit. Ignoranz schafft es tatsächlich, das Offensichtliche zu ignorieren. Ja, wir fragen uns immer wieder: Wie ist es eigentlich möglich, dass ein Mensch angesichts des Offensichtlichen die Unwahrheit spricht? Oder, dass ein Mensch angesichts des Offensichtlichen in der Lage ist, die Augen zu verschließen und so zu tun, als existiere es nicht? Ich habe einmal einen Schüler gefragt: „Kannst du mir erklären, wie Verleugnung funktioniert? Ich verstehe das nicht." Er sagte zu mir: „Das ist ganz einfach. Ich schaue die Kuh an, sie ist schwarz, und dann behaupte ich einfach, sie sei weiß. Nachdem ich das dann oft genug behauptet habe, bin ich überzeugt, dass sie weiß ist." So erschaffen wir Realität. Und es gibt bald keine Unterscheidung mehr zwischen der geschaffenen Realität, die meine Welt geworden ist, und dem, was *real* ist. Ignoranz ignoriert das Offensichtliche. Es ist ein absurder Akt des Vorbeischauens an der Realität, der nur eine einzige Absicht verfolgt, nämlich den Beweis anzutreten, ich sei in der Lage, *nein* sagen zu können zu Dem-Was-Ist. Es geht nicht mehr um Wahrheit, es geht nicht mehr um Realität. Es geht einfach nur noch um die Beweisführung dieses Neins – ablehnen zu können, was ist. Und aus diesem Akt zieht das Ich des Menschen eine große Macht. Wenn wir uns diesen Akt freilich bei Bewusstsein anschauen, fragen wir uns, was das für eine Macht sein soll. Es ist lächerlich, Macht aus einem Akt der Ablehnung Dessen-Was-Ist zu beziehen. Denn dadurch, dass du es ablehnst, dadurch, dass du ignorierst, was ist, ändert sich ja nichts an Dem-Was-Ist. Aber durch einen kognitiven Defekt glaubt der Ignorant offenbar daran, Das-Was-Ist durch seine Ignoranz machtvoll beeinflussen zu können. Nein, es ändert sich nichts. Die Realität ändert sich nicht, das Leben ändert sich nicht, nur deine Wahrnehmung ändert sich. Deine Wahrnehmung ist gestört, so wie aus der Sicht der Weisheitslehre die Wahrnehmung eigentlich aller Menschen gestört ist, mehr oder weniger, so dass sie zurückfinden muss zum Einklang mit Dem-Was-Ist. Wir müssen Wahrnehmen erst lernen. Dazu braucht es das Gehen eines inneren Weges. Ignoranz kann nicht wahrnehmen. Was macht sie denn mit deiner Seele?

F: Sie lässt sie verkümmern, nicht leben.

OM: Ignoranz ist also ein innerer Akt der Abtötung, ist es nicht so?

F: Ja.

OM: Es ist deine Pflicht zu schauen, wen oder was du in dir ernährst. Nährst du die aufstrebenden, vitalen Kräfte, oder nährst du Kräfte, die an Abtötung der Seele interessiert sind? Auf dem inneren Weg verschiebt sich dieses Gleichgewicht immer mehr zu Gunsten des Lebendigen. In einem normalen Menschen dominieren meist Ideenwelten des Geistes als Gegenkräfte, die zur Abtötung des tieferliegenden Seelischen führen. Warum ist das so? Ja – warum ist das so? Ich glaube, in dem Moment, wo du anfängst zu fühlen, was du mit dir machst, spielt es keine Rolle mehr, warum das so war. Der Weg des Toten und die Scheinlebendigkeit im Außen ist für den, der ausschließlich am Überleben des Ichs interessiert ist, der sicherere Weg. Und es ist der Weg, den du auch gegangen bist. Du hast dich mehr oder weniger tot gestellt, hast dich ignoriert, hast Impulse und letztlich dich Selbst zutiefst ignoriert, und hast diesen Weg als den sicheren Weg empfunden. Jetzt gehe den unsicheren Weg. Der Weg, den ich lehre, ist der unsichere Weg. Was könnte dich veranlassen, einen unsicheren Weg zu gehen?

F: Es bringt mich näher zu mir. Ich spüre mich.

OM: Um den unsicheren Weg zu gehen, musst du einen Preis zahlen. Dieser Preis nennt sich Sicherheit. Angesichts dessen, dass es diese Sicherheit ohnehin nicht gab, ein ziemlich geringer Preis.

ॐ

Kampf

Kampf ohne Aussicht auf Erfolg

F: Ich möchte mich schützen vor der Willkür der sogenannten Obrigkeit, die sich das Recht rausnimmt, über mich zu urteilen, mich zu verurteilen, mich zu schablonisieren, zu dirigieren und meinen freien Willen versucht zu unterdrücken. Dagegen sträube ich mich. Ich möchte einfach wieder eine Harmonie in das Umfeld bringen und ich weiß nicht, wie ich das schaffen soll.

OM: Du bist zwiegespalten; einerseits wünschst du dir Harmonie, aber andererseits kannst du nicht aufhören zu kämpfen – wie geht das zusammen?

F: Ich möchte nicht kämpfen, denn im Kampf gibt es immer einen Verlierer. Ich möchte Harmonie, Freude unter die Menschen bringen.

OM: Augenscheinlich geschieht aber genau das: Du kämpfst und du verlierst den Kampf immer wieder. Die nüchterne Realität ist, dass kämpfen für dich zur Sucht geworden ist, und dass du einfach nicht aufhören kannst. Du kämpfst gegen Obrigkeiten, du kämpfst vermeintlich gegen Fremdbestimmung von außen, aber in Wirklichkeit kämpfst du gegen dich selbst, und du musst dir die Wahrheit darüber sagen, dass du einfach nicht aufhören kannst zu kämpfen. In diesem Zustand geht es nicht mehr um das geistige Ziel des Kampfes, z.B. die Idee, Gerechtigkeit wiederherzustellen, sondern es geht nur noch um das Kämpfen an sich. Kampf als Selbstzweck. Ich kämpfe, um zu kämpfen. Was meinst du, wie viele Menschen, die ‚da draußen' in der äußeren Welt kämpfen, gar nicht erkennen, dass es ihrem Geist nicht mehr um Inhalte, um Ziele geht? So kämpfst du einen verlorenen Kampf auf verlorenem Posten. Die Amerikaner nennen sie ‚loser'. Ein Loser ist jemand, der einen Kampf auf verlorenem Posten kämpft und sich nicht eingestehen will, dass das Ergebnis des Kampfes zu Beginn des Kampfes bereits feststeht. So ist es auch bei dir und in deinem Leben. Das heißt, die Lösung kann nur sein, dass du deinen Wunsch nach innerer Harmonie wirklich ernst nimmst und dass du auf Entzug gehst in Bezug auf deine Sucht, gegen alles zu kämpfen, wovon du glaubst, dass es dich bedroht, unterdrückt, usw.

F: Du meinst, mein Kampf gegen Obrigkeiten ist in Wirklichkeit nur ein nach außen verlagerter Kampf? Er findet im Außen gar nicht statt?

OM: Ja, du stehst im falschen Ring. Der Gegner wartet auf dich in einem anderen Ring. Wahrscheinlich schon ziemlich lange, aber dieser Gegner ist geduldig. Nachdem du deinen Irrtum bemerkt hast, betrittst du einen inneren Ring. Hier kündigt der Ringrichter an: Ich gegen mich selbst. Bitte versuche das jetzt nicht zu verstehen. In jedem Fall wirst du mir folgen, wenn ich sage: Das ist ein Zustand des Leidens. Es ist auch ein Zustand, in dem du beschäftigt bist. Du reibst dich auf, du zehrst dich aus und du kommst nicht zum Wesentlichen. Bevor wir uns fragen, was denn das Wesentliche ist: Stell dir vor, der Kampf ist vorüber, was wirst du dann tun? Wirst du überhaupt noch wissen, was zu tun ist, wenn es nichts mehr zu bekämpfen gibt? Wirst du wirklich in Frieden sein, wenn es keine Obrigkeiten mehr gibt, die dich unterdrücken, wenn du keine Feindbilder mehr aufrechterhältst? Oder ist dieser Kampf auch eine Beschäftigungstherapie für dich? Ist er etwas, das dich am Leben hält, das du glaubst zu brauchen, um überleben zu können? Ist dieser Kampf das Lebenselixier dieses Ichs, seine Vitalitätsspritze, die es wiederholt braucht, um nicht einzuschlafen? Ist kämpfen also gleich leben? Leben wirklich aus der inneren Harmonie zu beziehen ohne einzuschlafen, das ist die Kunst des inneren Weges, die Kunst des Meditierenden. Viele Menschen beziehen Kraft aus innerem Kampf, Krieg und Leid. Und wenn diese Geschichten zu Ende sind, wenn also Frieden einkehrt, dann schlafen sie ein. Dann nehmen sie den Kampf wieder auf – gegen den Schlaf. Ein Teufelskreis.

Die wahre Kraftquelle des inneren Menschen ist ein stiller Geist. Im Gegensatz zur Kampfkraft, die sich verbraucht, schöpft die Stille aus der Quelle, so dass die Kraft der Stille sich beständig erneuert. Auch wenn uns der stille Geist nicht auf Anhieb zur Verfügung steht, denn er ist das Resultat eines vollendeten Weges, so können wir uns der Stille zuwenden, sie schätzen lernen und von ihrem unendlichen Frieden kosten.

ॐ

Kampf um Daseinsberechtigung

OM: Ich möchte, in Anmerkung zu deinem Brief, etwas zu der Qualität von *Zurückweisung* sagen. Die innere

Lehre kennt zwei vollkommen gleichwertige und gleichbedeutende Mittel, die dem Schüler des Weges in seinem Wunsch nach Erkenntnis zur Verfügung stehen: die *Annahme* (Yin) und die *Zurückweisung* (Yang). Es ist für einen inneren Menschen unabdingbar, dass ihm beide Mittel zur Verfügung stehen, damit er, der inneren Situation entsprechend, die angemessene Antwort auf den inneren Gegner geben kann. In Kürze gesprochen meint *Zurückweisung* die Abweisung eines inneren Phänomens, eines Gedankens, eines Gefühls, das die Selbsterforschung als bloße Täuschung, als nicht real erkannt hat. Während *Annahme* die bewusste Vereinigung mit diesem Objekt meint, unter Aufgabe einer jeden geistigen Gegen-, Hin-, oder Weg-Bewegung. Das Ergebnis der Anwendung dieser beiden inneren Künste ist identisch. Die innere Praxis des Weges dient auch dazu, die zugrundeliegenden Kräfte freizulegen, welche den ungebremsten Einsatz dieser beiden Eigenschaften ermöglichen.

Ein Denkender, der in einer einfachen Weltaufteilung von richtig und falsch, von gut und böse lebt und darin verhaftet ist, hat mit der *Zurückweisung*, wie sie auf dem inneren Weg erforderlich ist, große Schwierigkeiten und fühlt sich von ihr bedroht. Das liegt an der Vorstellung, die du auch beschreibst in deinem Brief, an der Befürchtung dieses Ichs, es könne vom ‚Leben', von ‚Gott' zurückgewiesen werden, wenn es ‚böse' ist. Dieser Befürchtung des Ichs liegt der Verdacht zugrunde, keine ernstzunehmende Daseinsberechtigung zu haben. Es muss also einen Ort in dir geben, in deiner Ideenwelt, wo eben das die tiefste (Vor-)*Annahme* ist. Dieser Verdacht gegen dich selbst, der rational nicht auszumerzen ist, der Verdacht in der Tiefe, dass du letztlich keine Daseinsberechtigung aus dir selbst heraus besitzt, führt zu einer ständigen, latenten Befürchtung, einer projizierten Befürchtung, Gott könne dich zurückweisen, wenn du irgendetwas tust oder unterlässt, was ihm nicht gefällt – eine Vorstellung, die einem kindlichen Bewusstseinsstand entspringt und sehr leidvoll ist. Es liegt auf der Hand, dass du aufgrund dieser Idee eine verzerrte Wahrnehmung dieser beiden Geisteskräfte hast, die *Annahme* und die *Zurückweisung*. So kannst du die Kraft der *Zurückweisung* nicht wirklich der Liebe zuordnen, weil sie belegt ist mit der Befürchtung, die an den Ort führt, den ich dir eben beschrieben habe. Um also wieder ein spirituelles Verständnis der wahren Qualität von *Zurückweisung* zu bekommen, bleibt dir nur, diesem Ort in dir sehr nahe zu treten, wo jemand herrscht, der dir deine Existenz abspricht. Ist das wirklich Gott? Oder doch eher ein Kindergott, das, was sich ein Kind unter ‚Gott' vorstellt? Später geben wir diesem Kindergott dann einen anderen, passenderen Namen: Wir nennen ihn ‚Über-Ich'. Es ist äußerst selten, einen erwachsenen Menschen zu finden, dessen Bewusstsein über diesen Kindergott hinausgewachsen ist, und ich meine weder einfache Menschen, noch religiöse Menschen, ich meine Ingenieure, Beamte, Wirtschaftsmanager, Digitalisten, Politiker, Menschen in gehobenen Stellungen der Gesellschaft. Denn meist haben sie diesen Aufstieg paradoxerweise diesem erwachsen spielenden Kindergott namens Über-Ich zu verdanken.

Aber lassen wir das alles einmal für einen Moment beiseite und fragen uns: Brauchst du überhaupt eine Existenzberechtigung? Deine Idee ist, dass sich dein Dasein immer wieder Berechtigung verschaffen müsse durch eine Form des Tuns, durch eine Form der Leistung, durch eine Form der Wiedergutmachung von dem, was in der Vergangenheit geschehen ist. Eine Wiedergutmachung von Schuld. Die Idee, aus dem Paradies gefallen zu sein und diesen Fall durch ständige innere Berechtigungsanstrengung wieder gutmachen zu müssen, beherrscht in der Tiefe den Geist vieler Menschen. Sie nehmen das an der Oberfläche nur wahr als eine undifferenzierte Form von Bemühung im Dasein. Bestimmt hast du auch Menschen im Sinn, die sich immer wieder entschuldigen müssen. Was sie eigentlich meinen, ist: „Entschuldige, dass ich da bin." Wir hören den nicht ausgesprochenen Gedanken folgen: „ ... aber ich werde mich bemühen". Warum wird Leben so anstrengend? Doch nur, weil es Formen von Bemühung gibt, die entweder dazu aufgewandt werden, um Dinge unten zu halten und nicht wahrzunehmen, oder die angewandt werden, um Dinge anzuschieben, die sich von selbst bewegen.

F: Wenn Du das so sagst, klingt das komisch, aber diese ständige latente Anstrengung, die gar nichts mit konkreten Handlungen zu tun hat, ist nicht komisch.

OM: Komisch ist manchmal der Augenblick der Erkenntnis, in dem die Blase der Unwirklichkeit platzt. Bis dahin ist nichts wirklich komisch. Es gibt Blender, die versuchen, ihre eigene innere Tragik durch oberflächliche Witzigkeit zu überdecken, aber auch das ist nicht komisch. Wenn ein Zen-Lehrer sich über eine Wolke totlachen kann, das ist wirklich komisch. Poonjaji erzählte das einmal. Allerdings fanden das alle anderen nicht komisch. „Als alle lachten, da weinte ich. Und als alle weinten, da lachte ich." In diesem Satz von Poonjaji verbirgt sich ein Koan. Die Komik des Seins ist unvermittelt und nur in der Gegenwart des *no-mind*[32] komisch.

Was in deiner Anstrengung nicht komisch ist, sind darunter liegende, unterdrückte Emotionen. Emotionen sind häufig jene inneren Phänomene, die einen leidvollen inneren Zustand ausmachen. Und unter dieser inneren Daseinsanstrengung liegt Verzweiflung. Bist du bereit, sie zu spüren? Diesem Ort der Verzweiflung für einen Moment sehr, sehr nahe zu kommen? Diesem Ort, an dem du ständig um deine Existenz kämpfen musst, wo du gegen jemand ankämpfen musst, der dir nicht nur deine Würde, sondern dein SEIN abspricht? Hier wird ‚dein Leben' zu einem Kampf. Mit der bewusst eingesetzten Kraft der Zurückweisung kannst du denjenigen zurückweisen, der dir dein Dasein absprechen will. Es ist absurd. Du BIST und es gibt niemanden, der dem Berechtigung zusprechen oder absprechen könnte.

ॐ

Die Waffe gegen das Böse ist Erkenntnis

F: Es gibt eine Sicht in mir, das Schlechte und Böse bekämpfen zu müssen. Und trotzdem bin ich immer mal wieder gestolpert über etwas, was Du in dem Buch ‚Intelligenz des Erwachens' *auch geschrieben hast, dass ja auch dieser Impuls letztlich aus dem Einen kommt. Ich komme ursprünglich aus diesem Licht, aus dieser Weite, und trotzdem ist das Ich immer etwas gewesen, das bekämpft werden muss. Es gab keinen Wunsch, das wirklich zu erforschen.*

OM: Du meinst, es gab nur einen Wunsch, es zu bekämpfen.

F: Ja.

OM: Nun, das ist nicht an sich falsch. Nur ist es eine Frage des ‚Wie?'. Wie kann man denn das Böse aus Sicht des inneren Weges wirklich bekämpfen?

F: Indem man erst mal die Idee des Bösen in Frage stellt und sie erforscht.

OM: Was hältst du von folgender Formulierung? „Auf dem inneren Weg bekämpft man das Böse durch Erkenntnis. Erkenntnis ist die Frucht des Erfahrungsweges der inneren Wissenschaft und das Tor zur Realität." Auf dem ‚Weg der Frommen'[33] hingegen bekämpfen sie das Böse, indem sie versuchen, den Teufel mit dem Beelzebub auszutreiben. So hast du es auch getan. Das heißt, sie sehen nicht, dass der, der das Böse bekämpft, selbst Teil des Bösen ist. Und deswegen geht es ihnen so, wie es dir genau genommen ein Leben lang gegangen ist. Irgendjemand will hoch hinaus ins Helle und bekämpft das Niedere, das Dunkle, während aus unerfindlichen Gründen genau dieses Niedere ständig die Oberhand behält. Das zeigt sich allein in der Kraft, die du aufwenden musstest, um das zu bekämpfen, das unten zu halten. Die Bekämpfung des vermeintlich Bösen aus der Sicht des ‚Weges der Frommen' besteht aus dem Versuch der Einkerkerung, der Einbetonierung, Wegsperrung, Verbannung an möglichst weit entfernte Orte. Diese ‚entfernten Orte', das kann der Körper sein, Orte des Unterbewusstseins. Derjenige glaubt jedoch, er hätte es an fernen Orten *außerhalb* seiner selbst zurückgelassen – in anderen Menschen, anderen Kulturen, Religionen, Ländern usw. Das sind die Methoden der Bekämpfung des Bösen auf dem ‚Weg der Frommen'. Die Bekämpfung an sich ist nicht das Hindernis. Ich könnte diese Formulierung auch auf dem inneren Weg wählen, nur ist damit etwas ganz anderes gemeint, nämlich Bekämpfung durch Erkenntnis. Ich setze die Mittel ein gegenüber meinem Gegner, indem ich ihn erkenne. Und erkennen kann ich ihn nur, wenn ich bestimmte Regeln durch inneres Wissen erlange, die es gilt, diesem Gegner gegenüber einzuhalten. Wer die nicht einhält, fällt zurück in die Methodik der Frommen. In dir gibt es jemand, der nicht bemerkt, dass der Unterdrücker, der Moralist und ähnliche Figuren selbst Teil des Bösen sind. Es ist letztlich deine Naivität, die das ganze zusammengehalten hat.

F: Welche Regeln gilt es denn zu beachten?

OM: Die Grundregel Nr. 1 ist: Respektiere deinen Gegner. An dieser Grundregel scheitern schon viele. Wird diese Regel verletzt, ist der Kampf auf dem inneren Weg bereits verloren. Schüler des Weges verbringen Jahre damit, um nur diese Grundregel anzuerkennen. Ich meine, Respekt aufzubringen ist nur möglich, wenn du bereit bist, dem Gegner auch ins Auge zu sehen. Der, an dem du vorbeischaust, den kannst du gar nicht respektieren. Anschauen, hinschauen, das ist ja bereits eine Form des Nehmens, des Herantretenlassens. Wenn du nur mit Fluchtinstinkten oder wildem Abwehrgefuchtel beschäftigt bist, kann von der Einhaltung der Grundregel Nr. 1 gar keine Rede sein. Wenn Grundregel Nr. 1 eingehalten wird, dann bekommt der Begriff ‚bekämpfen' eine ganz andere Geschmacksrichtung, als der Begriff ‚bekämpfen', wie du ihn auf dem ‚Weg der Frommen' verwendet hast: das Böse bekämpfen. Der gute Mensch, der das Böse bekämpft – das war noch nie erfolgreich, nicht auf dem inneren Weg. Nicht letztlich und endgültig, vorübergehend ja. Verstehst du jetzt, was ‚bekämpfen' des Gegners aus Sicht des inneren Menschen, aus Sicht des Selbsterforschers bedeuten könnte, unter der Voraussetzung von grundsätzlichem Respekt?

F: Ja, mir erscheint es anstelle eines Kämpfens gegen etwas eher als eine Form von Kommunikation – zwei Kräfte begegnen sich, es gibt einen Austausch.

OM: Dieser Austausch kann in Momenten durchaus auch kriegerischer Natur sein, wenn es darum geht, einem herrisch auftretenden Gegner wirklich Grenzen zu setzen. Und er kann in anderen Momenten sehr sanfter Natur sein. Es gibt keine Notwendigkeit, die Mittel konzeptuell zu begrenzen, denn wir können nicht vorhersagen, was geschieht, wenn du die 2. Grundregel einhältst: Suche die unbedingte Nähe zum Gegner auf. Und sei dabei ganz still. Wenn du ihm so ganz nahe kommst, kannst du ihn womöglich zum ersten Mal wirklich *sehen. Sehen* mit inneren Augen. Und dann könnte es sein, dass etwas Ungewöhnliches geschieht, nämlich dass dieser Gegner nicht mehr der Gegner ist, der er war, so dass der Kampf gegen ihn überflüssig wird. Wenn wir diese Regeln und die beschriebene Wirkung ihrer Einhaltung auf das Böse beziehen, dann würde das bedeuten, dass das Böse im Menschen nur dadurch böse ist, dass die inneren Augen zu weit entfernt davon sind. Das Böse ist die Folge einer inneren Distanz, die zur Abspaltung geführt hat. In innerer, unbedingter Nähe existiert das Böse gar nicht.

ॐ

Kontrolle

Auflösung falscher Ordnung oder: Der Weg der Unordnung

F: OM, was Du soeben gesprochen hast, berührt mich sehr. Ich habe im Moment das Gefühl von einem großen Chaos, und in diesem Chaos versuche ich immer irgendwie wieder Ordnung zu schaffen. Andererseits habe ich mir das Versprechen gegeben, dem Unbekannten zu vertrauen. Und doch spüre ich diese Seite, die immer wieder Ordnung schaffen will.

OM: Was genau hat dich berührt?

F: Dass es eine göttliche Ordnung gibt an Stelle von meiner Ordnung.

OM: Der innere Weg ist die Auflösung deiner Ordnung. Insofern ist es ganz natürlich, dass wir auf dem inneren Weg immer wieder Zeugen von Chaos werden. Chaos ist die Kraft, die zwingend notwendig ist, um falsche Ordnung aufzulösen. Es mag sein, dass die falsche Ordnung, in der wir leben, in der äusseren Welt gut funktioniert, denn das Funktionieren vieler großer Systeme dieser Gesellschaft beruht ja auf dieser falschen Ordnung. Schweizer und Deutsche sind gleichermaßen sehr ordentlich. Diese Ordentlichkeit und Gewissenhaftigkeit ist einerseits eine natürliche Eigenschaft und Tugend. Aber wir dürfen sie nicht verwechseln mit dem zwanghaften Versuch des Geistes, Kontrolle über das Leben zu behalten. Wenn ich sage, dass der innere Weg ein Weg der Auflösung von Ordnung ist, dann heisst es, dass es auch und immer wieder ein Weg der Unordnung ist. Unordnung ist Chaos. Chaos ist Auflösung. Wir schätzen diese Kraft nicht. Wir haben Angst vor dieser Kraft. Wir wollen nicht wahrhaben, dass diese Auflösung, dieses Chaos in uns geschehen kann, und dass sich daraus eine eigene und unbekannte Ordnung fügen könnte. Darin verbirgt sich die unausgesprochene Anklage an Gott und die Behauptung seiner Fehlbarkeit, dass er nicht in der Lage ist, eine eigene Ordnung aufrecht zu erhalten in uns, wenn wir es nicht selbst tun. Das sind Worte, die das Ego spricht, die ein denkender Geist spricht, welcher der Realität unkundig ist, der nicht weiß, wer er selbst ist. Zugleich sind diese Worte Ausdruck von Arroganz, und wer diese Worte in sich wirklich fühlt, der fühlt, dass sie Schmerz auslösen. Es ist ein tiefer Vertrauensverlust in die göttliche Ordnung. Wer das Chaos nicht zulässt, kann auch die göttliche Ordnung nicht zulassen. Wer glaubt, die Kontrolle behalten zu müssen, weil er glaubt, das Leben funktioniert nicht ohne seine Kontrolle, der geht weiterhin den Weg der Selbstbehauptung, der Abkehr, und missgönnt sich das Erfahren des Glücklichseins durch das Eingebettetsein in eine höhere Ordnung. Warum solltest du, wer auch immer du glaubst zu sein, nicht Teil der höheren Ordnung sein? Warum sollte jedes Wesen auf Erden Teil einer höheren Ordnung sein, nur dieses Ich nicht? Dieses Ich, das glaubt jemand anders zu sein, jemand eigenes zu sein, das glaubt, eine eigene Ordnung selbst errichten zu müssen, einen eigenen Staat errichten zu müssen (auch wenn es sich nur um einen Zwergenstaat handelt)? So lange dieses Ich versucht, sich zu behaupten gegen das Eine, so lange dieses Ich den Weg der Selbstbehauptung geht und nicht den Weg der Hingabe, wird es von der göttlichen Ordnung abgetrennt sein. Das ist die natürliche Konsequenz, und ich weiß, dass sich an diesem Punkt alles aufhängt für dich. Bist du bereit, die Kontrolle vollständig aufzugeben und dem zu begegnen, was auftaucht, wenn diese Kontrolle, dieser Besitz nachlässt? Es ist die Kontrolle über deinen Körper. Es ist die Kontrolle über alles, was du glaubst, was Leben ist. Unbewusst glaubt dieses Ich, es funktioniert nicht, wenn ich es nicht selbst tue: „Gott kann es nicht. Nur ich kann es. Leider auch nicht richtig. Aber ich strebe Perfektion an!". Und weil du diese Kontrolle in deinem Bauch festhältst, kannst du mich auch nur bis zu einem gewissen Grade hören. Du kannst mich nur so weit hören, wie deine Kontrolle es zulässt. Erst wenn du jede Kontrolle aufgegeben hast, kannst du mich überall hören: in deinem Bauch, in deinem Herz und in deinem Kopf.

ॐ

Die subtile Kontrolle des ‚Beobachters'

F: Ich bin in einer Phase, wo sich totales Involviertsein mit Allem, was geschieht, mit Zeiten der Ruhe und des Beobachtens abwechseln. Ich erlebe es als zwei extrem unterschiedliche Zustände.

OM: Es gibt da etwas, was du noch nicht siehst, und zwar ist dieses Extrem in deiner Erfahrung, die du schilderst, diese extreme Ausprägung, ein Ausdruck einer versteckten Kontrolle, die auch in dem Zustand vorhanden ist, den du als ‚beobachten' missverstehst. Die mangelnde Ausgeglichenheit, die Parallelität zwischen einem Leidensprozess einerseits und einer relativen Ruhe und Nicht-Involviertheit andererseits, all das sind Signale für eine versteckte

Form von Kontrolle, die immer noch vorhanden ist und die du aufgeben kannst.
Ich muss Schülern häufig sagen, dass das, was sie für ‚beobachten' halten, keine neutrale, nichtinvolvierte Position ist, welche den Geist beobachtet. Dieser Beobachter ist selbst Teil des denkenden Geistes, der sich selbst beobachtet. Mit Zeuge-Sein ist etwas anderes gemeint.

F: Du willst sagen, der vermeintlich neutrale Beobachter ist sehr wohl involviert?

OM: Der Beobachter ist sehr wohl involviert in das Beobachtete, sonst hätte er nicht eine distanzierte Position zum Beobachteten eingenommen. Nichtinvolviertheit ist jedoch weder Nähe, noch Distanzierung. ‚Der Beobachter' ist die *Vorstellung* eines Beobachters, und wenn du die verfolgst, stellst du fest, dass er immer distanziert ist von dem, was er beobachtet. Eben diese Distanzierung des Beobachters ist eine versteckte Form der Kontrolle des Ichs. Das Ich macht sich vor, es würde nurmehr beobachten, es sei distanziert und folglich nicht mehr involviert. Die Wirklichkeit ist eine gänzlich andere: Dieses Ich ist höchst involviert, diese Verstrickung versucht es dann dadurch zu kontrollieren, dass es sich in einen Jägerhochstand zurückzieht und von dort aus mit dem Feldstecher auf etwas schaut, was ihm in Wirklichkeit sehr nahe kommt. Es ist ein Trick, der ‚Beobachtungstrick' des Ichs. Prüfe, ob du auch auf diesen Trick hereingefallen bist. Diese Lüge wird spätestens in dem Moment offenbar, wo dann der Damm bricht, du die Distanz des Beobachtens nicht mehr aufrechterhalten kannst, und ein unbewusster Bruch des Staudamms dich mit all dem überwältigt, was durch den Beobachterposten auf Distanz gehalten werden konnte. Das ist dann wahrlich das ‚totale Involviertsein'.

Wir haben jetzt über die extremistischen Positionen des Ichs, sowie deren innewohnende Missverständnisse gesprochen. Nun lass uns über den *Weg der Mitte* sprechen, diesen Weg der inneren Harmonie; es ist jener innere Weg, den die Weisheitslehren lehren. *Der Weg der Mitte* wird auch *der paradoxe Weg* genannt, weil du auf diesem Weg aufgerufen bist, alles bedingungslos zuzulassen, ohne auch nur im Geringsten damit verstrickt zu sein. Wie ist das möglich? Wenn du missverstehst, dass Nicht-Involviertheit ganz subtil heißt, etwas nicht zuzulassen, dann kommt es zu einer erneuten Spaltung zwischen Beobachter und dem Beobachteten. *Der Weg der Mitte* wird durch den Zeugen bestimmt. Dieses 'Zeuge-Sein ist ein ganz natürlicher Zustand des *Seins mit Dem- Was- Ist,* ohne die geringste Personifizierung, ohne ein ‚persönlich nehmen'. Ich benutze das Bild von Wolken im Himmel: Die Wolken sind im Himmel, aber der Himmel ist nicht an ihnen interessiert, obwohl sie ihm ganz nah sind, näher als nah. Dieser Zeuge ist wie der Himmel, er lässt die Wolken in sich vorbeiziehen, aber sie berühren ihn nicht, sie beeinflussen ihn nicht. Es ist dem Himmel egal, ob es in ihm Wolken gibt oder nicht, es spielt für den Himmel keine Rolle. Und wenn es bewölkt ist, dann ist die Sonne verdeckt, der Unbedarfte nimmt jedoch an, der Himmel sei verdeckt, weil er die Sonne mit dem Himmel verwechselt. So ist es auch im Innen, es kann bewölkt sein, aber die Bewölkung verdeckt den Himmel nicht. Und selbst wenn es vorübergehend dunkel wird in dir, so ist das Bewusstsein dennoch unverändert.

ॐ

Der Bremser kontrolliert den Lebensstrom

F: Ich beobachte ein inneres Bremsen in mir, wenn ich etwas Unangenehmem begegne, und ich versuche das zu prüfen, was das wirklich ist.

OM: Ich hatte einmal einen Schüler, der arbeitete als Kellner in einem Restaurant. Und eines Tages bin ich zu Besuch in diesem Restaurant und bin in einem Gespräch mit seinem Chef. Wir sitzen da und trinken etwas – der Schüler ist nicht dabei – und dann sagt er mir: „Wissen Sie, je mehr hier los ist, je mehr hier zu tun ist, desto langsamer wird er". Ich dachte: Das ist für einen Kellner ein echtes Problem. Vielleicht hat der Mann den falschen Job. Ich konnte ihm nicht die inneren Zusammenhänge erläutern, aber ich wusste, dies ist ein klassisches Beispiel des Bremsers in Aktion. Je unkontrollierbarer die Situation wird, weil sich die Ereignisse in einer erhöhten Frequenz überschlagen, desto stärker steht er auf der Bremse. Dieses Beispiel aus dem Alltäglichen repräsentiert den Umgang mit dem gesamten Strom des Lebens. Sobald dieser Strom außer Kontrolle zu geraten droht, tritt das Ich als Bremser in Aktion, und je näher es dem Kontrollverlust kommt, desto stärker tritt es auf die Bremse. Es ist eine einfache, aber sehr effektive Technik passiver Aggression, die den Menschen die Illusion lässt, weiterhin die Dinge unter Kontrolle zu haben.

F: Du meinst, dieser Bremser ist versteckt aggressiv?

OM: Hier tritt Zorn im Mäntelchen der Passivität auf. Der Bremser beschreibt in der Lehre der drei Geistesgifte[34] die Gegenbewegung des Geistes. Tatsächlich ist dieser

Bremser eine Version des penetranten Nein-Sagers in dir. Du bremst nicht nur das Unangenehme, du stehst ganz grundsätzlich auf der Bremse, und diese Taktik folgt der Illusion, eine Verzögerung, eine Verlangsamung unkontrollierbaren Lebens würde die Kapazität der Kontrolle dieses Ichs erhöhen. Alles, was klein, überschaubar und noch halbwegs ‚in Ordnung' ist, glauben wir, kontrollieren zu können. Sobald jedoch der Lebensstrom zur Flut anschwillt, die Sinnesreize leicht chaotische Züge annehmen, beispielsweise durch Beschleunigung, fühlt sich das kontrollierende Ich bedroht und holt aus zum Rundumschlag des Nein. Im seichten Wasser fällt es uns leicht, der Illusion zu erliegen, es sei kontrollierbar, wenn wir jedoch den Fluss hinunterfahren und in Stromschnellen geraten, dann kommen wir schnell an die Grenzen unserer Vorstellung von Kontrollierbarkeit. Ja, und so gibt es diesen Versuch, das Gewässer in bestimmte Bahnen zu lenken, um es besser kontrollieren zu können. Wir wissen nicht, was mit diesem Lebensstrom geschieht, wenn wir den Fuß von der Bremse und den Fuß vom Gaspedal nehmen. Vermutlich nimmt er dann einfach nur seinen natürlichen Lauf.

ॐ

Kraft

Kraft oder Gewalt? Der Gang auf Messers Schneide

F: Es kommen in mir in letzter Zeit häufiger Impulse, die nicht von mir zu kommen scheinen und auch irgendwie nicht gesellschaftskonform sind, und ich habe das Gefühl, dass sie mit etwas zu tun haben, was ich lange unterdrückt habe, meine Wut, aber auch meine Kraft. Und ich wollte das mal von Dir prüfen lassen.

OM: Für einen inneren Menschen, der sich dem Innersten zuwendet, der mit seiner Aufmerksamkeit die Welt verlässt, geht es darum, eine innere Referenz zu finden für das, was wahr ist. Die letzte Referenz für das, was wahr ist, kann nur in unserem tiefsten Inneren gefunden werden, nicht in äußeren, wie in den kollektiven Werten der Gesellschaft. Die Verantwortung für Handlungen, die durch dich geschehen, trägst du. Und wenn eine derartige Handlung der Kraft geschieht, dann gibt es keinen gewöhnlichen Menschen, der sich hier noch die Mühe macht, zwischen Kraft und Gewalt zu unterscheiden. Kaum jemand, der das überhaupt unterscheiden *kann*. Und tatsächlich ist dies eine sehr heikle Angelegenheit. Heikel in dem Sinne, dass du verantwortlich bist dafür, diese feine Unterscheidung zu treffen, denn es ist wie ein Gang auf Messers Schneide. Und die Wahrheit ist, dass die Unterscheidung zwischen Kraft und Gewalt nur in deinem Innersten endgültig getroffen werden kann. Nun gibt es für einen inneren Menschen, der zunehmend mit nach innen gerichteter Aufmerksamkeit lebt, ein einfaches Merkmal, das er lernen muss zu schätzen und zu kultivieren, um diese Unterscheidung zwischen wahr und unwahr immer wieder treffen zu können: Alles, was in dir nicht aus dem Innersten, also aus dir, aus dem Selbst stammt, wird in deinem Bewusstsein eine Spur von Leiden hinterlassen. Es spielt keine Rolle, was andere Menschen dazu zu sagen haben, welche Kommentare sie abgeben und was ihre Urteile und ihre Einschätzung sind. Das Einzige, was wirklich eine Rolle spielt, ist, dass du in der Lage bist zu unterscheiden in dir selbst. Und wenn du lernst, diese feine Leidensspur in dir wahrzunehmen, dann hast du einen Wegweiser, um Messers Schneide nicht zu verlassen.

F: Das setzt aber voraus, dass ich Leiden in mir wahrnehmen kann.

OM: Wenn du das nicht kannst, dann besitzt du ohnehin keine Unterscheidungskraft, wie sie für den inneren Weg erforderlich ist. Das Konzept des *bewussten Leidens*[35] zu begreifen, ist für den Erwachensweg unabdingbar. Aber ich sage dir, du kannst es wahrnehmen. Du musst nur lernen, genau hinzuschauen, dir die Zeit dafür zu nehmen, um die feine, fühlende Qualität des Geschehens wahrzunehmen. Innere Gewaltanwendung hinterlässt ohne Ausnahme den Geschmack des Leidens, er entsteht ohne Zeitverzögerung. Menschliche Gewalt ist keine Kraft aus seiner Essenz, aus seinem Innersten, sondern die Folge bestimmter geistiger Ideen, Überzeugungen seines denkenden Geistes, die wir vielleicht auch in dem Begriff der Arroganz zusammenfassen könnten. Die Psychologie würde dieser klaren Sicht vermutlich nicht bedingungslos zustimmen. Sie würde vielleicht Ursache-Wirkverhältnisse zwischen vergangenen Gewaltopfererfahrungen und gegenwärtigen Gewalttätererfahrungen ins Feld führen. Eine beschränkte Sicht. Die Gewaltopfererfahrung ist niemals die Ursache für Gewaltausübung, vielmehr hat dieser Geist ein Gewaltthema, welches sich abwechselnd (in einem Leben, in vielen Leben) in der Position des Opfers und der des Täters ausagiert. Und dieses Gewaltthema ist in jedem Fall mit Arroganz verknüpft. Das heißt, wer Gewalt ausübt, hat nicht nur ein Gewaltproblem, sondern ein tieferliegendes Arroganz-Problem.

Ein moralisch denkender Mensch, ein religiöser Mensch, ein Humanist, um Beispiele zu nennen, würde Gewalt moralisch ablehnen. Nicht so ein innerer Mensch. Für einen inneren Menschen geht es nicht darum, Dinge moralisch abzulehnen oder anzunehmen, sondern innere Wissenschaft zu betreiben, d.h. die Spur des Leidens zu verfolgen als Merkmal des Falschen. Und ich erinnere mich noch sehr genau an eine eigene klare Erfahrung zu dem Thema der Arroganz. Es war einfach in dieser absoluten Transparenz des Bewusstseins offensichtlich, dass jede Form von Arroganz sofort Leiden hinterlässt. Ein Mensch, der an wahrer Freiheit interessiert ist, der am Erwachen interessiert ist, muss eine Form des Gelübdes ablegen, dass er bereit ist, jede Form des Leidens zu beenden. Für sich selbst. Wenn das Leiden für mich selbst beendet ist, gibt es auch kein Leiden mehr, das anderen Menschen zugefügt wird. Es gibt Schmerz, ja. Ein Ego könnte behaupten, ‚verletzt' worden zu sein, aber es ist ihm kein Leiden zugefügt worden. Wenn dieses Gelübde abgelegt ist, und wenn ich nicht mehr bereit bin, Leidensformen zu dulden, wenn ich am Leiden jegliches Interesse verliere, dann habe ich die Bedingung geschaffen, dieser Spur, von der ich gerade spreche, folgen zu können. Also der Leidensspur in mir. Und dann spüre ich vollkommen, ohne moralische Ablehnung oder Annahme, dass der Geschmack von Arroganz unverzüglich Leiden verursacht. Das ist die Spur des inneren Menschen, nicht die Moral. Und dieser Spur folgst du. Und wenn du – und jetzt kommen wir zurück zu dem Akt, der durch dich geschehen ist – in Selbsterforschung und innerer Schau zu dem Schluss kommst, dass ein reiner Akt der Freiheit geschehen ist, ohne dass die Leidensspur sich meldet, und du ausschließen kannst, dass nichts verleugnet, betäubt oder ausgeblendet wird, dann ist ein klarer, unpersönlicher Ausdruck der Kraft geschehen, auch dann, wenn er nach gesellschaftlichen, familiär tradierten, persönlichen usw. Werten nicht richtig war. Es ist deine Verantwortung, all das in Betracht zu ziehen und in der Wahrhaftigkeit, die dir zur Verfügung steht, diese Unterscheidung zu treffen.

ॐ

Die Kraft des Schwertes

F: Ich bin mit massiver Respektlosigkeit und Widerständen im Außen konfrontiert, und ich kann es fast nicht glauben, dass das mein Schatten ist. Und ich frage mich, wie ich den integrieren kann.

OM: Stell dir vor, du bist ein Zen-Mönch und du hast viele Jahre deines Lebens damit verbracht, einen Klostergarten zu kultivieren. Du hast einen Ort geschaffen, der der Schönheit der Leere dient. Er ist die Fülle und die Leere zugleich, es ist ein Ort, ein heiliger Ort, ein stiller Ort, ein reiner Ort. Eines Tages ergibt es sich, dass im Haus nebenan neue Menschen einziehen. Nachbarn mit präpubertären, lärmenden Kindern. Es beginnt damit, dass du Bälle von nebenan aus deinem Garten fischen musst. Es setzt sich fort, dass die Pubertierenden, frech wie sie sind, über die Klostermauern klettern und in deinem Garten herumlaufen. Du wirst Zeuge davon, wie dieser Ort, der ein Ort der Meditation und der Reinheit war, zunehmend mit Lärm, mit Unrat besudelt wird und in Unordnung gerät. Du beginnst zu resignieren, du weißt nicht, was du dagegen tun kannst. Du siehst einfach nur zu, wie es geschieht. Was zeigt diese Situation?

F: Ja, ein falsches Zulassen, eine Passivität.

OM: Ja, eine falsche Duldung, falsche Toleranz, Bequemlichkeit, die nur dazu dient, der inneren Kraft des Zornes auszuweichen. Wenn wir einen inneren Rosengarten kultivieren, dann dürfen wir dem Ungeziefer nicht freien Lauf lassen. Das sind Bilder für Kräfte, die sowohl in dir sind, als auch durch andere Menschen um dich herum wiedergespiegelt werden können. Nehmen wir das Beispiel einer Sangha[36] (Gemeinschaft der Erkennenden). Eine Sangha hat die Pflicht, einen reinen, inneren Ort zu kultivieren, der durch die Menschen, die dieser Sangha beiwohnen, getragen wird. Wir wissen alle, dass es unreine Kräfte gibt im denkenden Geist, und dass diese unreinen Kräfte häufig durch Menschen wirken, die sich zugleich ihrer nicht bewusst sind. Was nun mit diesen geistigen Kräften tun? Es sieht so aus, als müssten wir das Feuer zulassen, das notwendig ist, um diese Kräfte zu verbrennen. Es sieht so aus, als müssten wir dem Feuer erlauben, sein Werk zu tun, damit es zerstören kann, was zerstört werden muss. Wenn wir jedoch Angst haben vor diesem Feuer, wenn wir die Konfrontation und den Konflikt nicht eingehen wollen, der durch dieses innere Feuer geschürt werden würde, wenn wir tatenlos zusehen, wenn wir einfach geschehen lassen, was geschieht, und das möglicherweise noch mit Hingabe und mit Dienen spiritualisieren, dann lassen wir die Verunreinigung zu, und das ist das eigentliche Hindernis, dem du begegnest. Dass du die Verunreinigung durch Respektlosigkeit zulässt in deinem Zen-Garten und nicht die notwenigen Maßnahmen ergreifst – nicht aus einem Konzept heraus, sondern aus der bewussten Zuwendung, aus dem bewussten Zulassen dieses Feuers. Manchmal braucht es eine Schale mit Wasser, um zu heilen, und manchmal braucht es das Schwert. Ein Heiler mag sich auf das eine oder das andere spezialisiert haben, du kannst es dir nicht erlauben, dieses oder jenes auszuschließen, du musst wissen, wann es des Schwertes bedarf, und wann es der Schale mit Wasser bedarf.

ॐ

Das Innere Feuer schüren!

F: Ich wollte Dich fragen, was mich darin unterstützen kann, dass in meinem Geist Ruhe einkehrt. Ich merke das ganz oft, eigentlich sollte alles still sein, und ich schaffe es einfach nicht, den Gedanken Einhalt zu gebieten.

OM: Wie viel gibst du für deine Freiheit?

F: Also im Moment bin ich schon bereit zu geben.

OM: Ich meine, wärst du bereit, alles aufzugeben?

F: Es ist ein Ja da, aber auch ein Vielleicht, weil ich nicht abschätzen kann, was das dann bedeutet …

OM: Die Antwort, die du gegeben hast, zeigt etwas sehr Wesentliches in deiner Haltung gegenüber dir selbst, deiner Haltung gegenüber der Wahrheit und deiner Haltung gegenüber allem. Du kommst an den Punkt, wo etwas absolut und radikal in dir steht, zum Beispiel ein Ja für die Freiheit. Es breitet sich eine innere Atmosphäre aus von Klarheit, von Kompromisslosigkeit, von Entschlossenheit, von Tiefe, und dann passiert etwas Merkwürdiges. Im nächsten Moment kommt jemand und relativiert diesen Augenblick. Nimmt dem die Größe, nimmt dem die Intensität, nimmt dem das Absolute, das, was einfach da steht, weil es da steht. So wie Buddha einfach da sitzt, weil er da sitzt – Punkt. Und weil es so ist, wie es ist. Doch im nächsten Augenblick schleicht sich jemand an und relativiert das, verharmlost, beschwichtigt, bezweifelt, verwässert, verkleinert, zieht es an die Oberfläche. Und dieser Vorgang in dir wurde eben während deiner Antwort deutlich, weil es genau das ist, was du immer wieder tust mit dir selbst, mit der Wahrheit, mit dem, was absolut in dir einen Raum hat und nimmt. Ja, es gibt etwas, das absolut und unumstößlich ist, und diesen Augenblick darfst du nicht verlassen, indem du das zulässt, was eben gerade geschehen ist. Weißt du, es geschieht auch in der äusseren Welt. Du kommst zu einem Menschen mit einem festen Wissen darüber, wie etwas ist. Aber dieser Mensch hat die Fähigkeit, z.B. durch viel reden, durch vermeintlich kluge Worte, durch Charme und Schmeichelei, durch Manipulation, dir weiszumachen, dass es anders ist. Ist es nicht merkwürdig, dass du eben noch wusstest und ganz genau wusstest, dass es ist, wie es ist? Und schon im nächsten Augenblick kommt jemand daher, stellt das in Frage, und wo bist du? Wo bist du, die du eben noch mit Gewissheit wusstest, was ist und wie es ist? Traust du dem nicht? Dienst du dem nicht vollständig?

F: Es kommt in mir dann ein Zweifel, ob es wirklich 100%ig ist, wirklich ein 100%iges Wissen.

OM: Ja, der Zweifel bestätigt sich selbst. Erkenne, wie du diesem Absoluten wieder den Boden nimmst, wie du es wieder untergräbst, wie du es immer wieder zulässt, dass du von diesem Augenblick der Gewissheit, der Klarheit, des absoluten Ja in dir Abstand nimmst. Dann kommt der Zweifel und rechtfertigt sich damit, dass es ja ‚vor einem Jahr' auch schon so gewesen sei. Dabei agierte er ‚vor einem Jahr' schon auf dieselbe Art. Was ist das für eine Rechtfertigung? Es ist eine Form des Betruges, auf die du hereinfällst. Und letztlich kannst du sehen, dass das eine Art und Weise ist, wie du nicht vollständig dienst, nicht vollständig dir selbst dienst, indem du das zulässt. Du stehst nicht 100%ig zu dir selbst.

F: Irgendwann muss ich damit anfangen, ganz zu mir zu stehen.

OM: Gut. Dann fangen wir <u>jetzt</u> an. Dann schaust du <u>jetzt</u>, nicht eben und nicht gleich: Was ist es in dir, wozu du 100%ig stehen kannst? Du spürst, was sich in dir ausbreitet, wenn ich dir die Frage stelle: „Was bist du denn bereit, aufzugeben?" Lass dir Zeit, lass sich das ausbreiten und spüre, wie die innere Intensität zunimmt. Und sage mir, was geschieht.

F: Es wird heiß und still. Es ist eine Erregung da.

OM: Lass das aufsteigen, geh nicht weg. Und wenn all das aufsteigt, dann kommen Worte, aber du suchst nicht danach. Du suchst nach gar nichts. Etwas in dir nähert sich an und ist bereit, aber du darfst nicht weggehen davon. Das heisst, du rückst keinen einzigen Zentimeter ab von dieser Frage. Lass diese Frage tief in dich einsinken, und du tust nichts – so breitet sie ihre Wirkung in dir aus. Das ist die Art und Weise, wie das Feuer in einem Menschen geweckt werden kann: Indem wir keinen Zentimeter abrücken, indem wir nicht das tun, was wir üblicherweise tun, nämlich ausweichen, abweichen, suchen, flüchten, abwehren. Du musst dir diese Frage mit absoluter Direktheit stellen lassen, ihr begegnen und sie in dir wirken lassen. Dann entfaltet sie ihre ganze Sprengkraft in deiner Welt. Diese Direktheit verlangt nach Wahrhaftigkeit, nach Ernsthaftigkeit mit dir selbst. Die Kraft wird freigesetzt, wenn du das Feuer in dir zulässt und in dir ist Feuer, in dir ist viel Feuer! Hör auf, davor zurückzuweichen, indem du jemanden hinzuholst, der das Ganze wieder verwässert, der das Feuer wieder löschen will. Intensität hat etwas damit zu tun, dass wir innere Dichte zulassen, dass wir den Geist auf den Punkt führen und aufhören, dieses schwammige, innere Feld zu nähren, diese diffusen Nebelschwaden, durch die wir alles anschauen. Das ist nicht die Fokussierung, die notwendig ist, um von diesem einen Punkt aus uns selbst zu begegnen und die Wahrheit zu sprechen. Von dort aus gibt es kein Entrinnen, und genau das ist es, was wir brauchen. Ans Kreuz genagelt zu werden, so wie Jesus Christus ans Kreuz genagelt worden ist. Das ist kein Augenblick der Qual, der Schmach, des Ehrverlustes und der Initiation eines nichtendenden Leidens, nein, das ist nicht die esoterische (=verborgene) Symbolik dieses Augenblicks. Es ist der Moment, in dem wir nicht mehr flüchten können, auch nicht mehr wollen, in dem wir auf den Punkt sind, genauso wie der Nagel, der durch Jesu Hände und Füsse getrieben ist. Nicht mehr wegzukönnen, keine Alternative mehr zu haben, das schürt das innere Feuer. Solange wir wegkönnen – noch glauben, wegzukönnen – wird nichts anderes geschehen, als dass wir das Feuer wieder löschen. Wir lassen es zu. Wir treten nur einen einzigen Schritt zur Seite, und schon ist es wieder vorbei. Wir weichen aus vor uns selbst, wir weichen aus vor dieser endgültigen Frage, vor der Endgültigkeit, vor dem Ende, vor dem Punkt. Wir weichen aus vor dem Feuer. Immer wieder tun wir das. Es ist nicht falsch, das zu tun, aber es ist nicht die Lösung. Die Kreuzigung ist die Lösung. Ich sage es immer wieder: Wir müssen zu unserem Glück gezwungen werden. Das die Kreuzigung unser Glück ist, wer hätte das gedacht?

ॐ

Der reine Quell der Kraft

F: In mir ist eine unheimliche Hitze, Zorn und Wut. Und ich spüre, ich habe Angst durchzudrehen. Ich kann mich auch nicht entsprechend ausdrücken. Ich bin wie Feuer, das alles verbrennt und sich dann schlussendlich gegen mich selbst richtet. Ich möchte besser hier sein können.

OM: Hast du Angst, dass dieser Zorn irgendetwas machen könnte, was gefährlich wird?

F: Ja

OM: Gegen was richtet sich denn der Zorn?

F: Eigentlich schlussendlich gegen mich selbst, weil ich auch eine große Kraft spüre, die nicht in Fluss kommt. Und so kommt dieser Zorn auf. Und wenn ich so spreche, merke ich auch, dass diese Kraft auch etwas mit dem Ich zu tun hat, dass ich das durchsetzen möchte, was ich mir vorstelle.

OM: Du setzt deine innersten Impulse nicht in Handlung um. Und es macht dich unglaublich zornig auf dich selbst, dass du einfach nicht bereit bist, für dich zu gehen, für dich zu handeln, umzusetzen und durchzusetzen, was durchzusetzen ist. Du stellst dich dir selbst in den Weg, legst dir Steine in den Weg und willst so den Fluss der Durchsetzung deines Innersten verhindern. Gib diese Selbstverhinderung auf und erlaube auf direkte Weise der Kraft, sich heilsam durchzusetzen. Heilsam bedeutet immer im Dienste deiner selbst, so dass die Kraft sich dann nicht gegen dich richten muss, weil du ein Verhinderer deiner selbst bist. Prüfe auf sanfte innere Weise, wo die Kraft sich durchsetzen will. Das ist der gesunde Weg. Das ist der heilsame Weg. Wenn du diesen Weg blockierst, wundere dich nicht, dass die Kraft sich gegen dich wendet, und du dann Angst hast, durchzudrehen.

F: Du willst sagen, ich habe ein ungesundes Verhältnis zum Zorn?

OM: Ungesund, ja. Zorn arbeitet in Diensten deines Egos. Dieser Weg zeigt uns, wie wir zum Quell aller Kräfte finden. In jeder noch so negativ bewerteten Kraft – auch im Zorn – gibt es einen reinen Quell. Wir finden diesen reinen Quell, indem wir aus dem Wege treten und bereit sind, die Kraft in Bewusstheit zu erleben, und die Kraft in Bewusstheit zu erleben bedeutet nicht zwingend, dass sie handeln muss, bedeutet nicht zwingend, dass sie nach außen treten muss. Es bedeutet auch nicht zwingend, dass sie nicht nach außen treten darf. Es gibt viele Kräfte, insbesondere Gefühle, zu denen haben wir ein unnatürliches Verhältnis, Zorn steht ganz oben auf der Liste. Es liegt in der Natur dieses Gefühls, dass das Ich zunächst keinen Abstand dazu hat und fast unter Zwang damit etwas machen will. Gleichzeitig fühlt es sich jedoch bedroht von dieser Kraft und stellt sich vor, was geschehen würde, wenn es ‚all diese wilden Tiere' aus dem Käfig lassen würde. Dann, so die Vorstellung weiter, würden wir wieder zurückfallen in barbarische Zustände, die Domestizierung, die wir mühsam errungen haben über diese triebgesteuerten Kräfte, wieder zerstören. Es ist wahr, dass Zorn ein Gefühl ist, welches aus den niederen Triebkräften emporsteigt. Wird der Aufstieg in Bewusstheit jedoch zugelassen, ohne dass er voreilig entladen wird, dann verbindet sich Zorn mit dem Herzzentrum.

Was ich sagen will, ist: Wir trauen den Urkräften nicht zu, wirklich intelligent zu handeln. Tatsächlich ist es so, dass diese Kräfte, wenn die Kontrolle des Ichs nachlässt, durchaus mit höherer Intelligenz, mit Herzensintelligenz in Verbindung stehen. Diese Intelligenz ist nicht persönlicher Natur. Aus dem Wege zu treten und dem zu vertrauen, das führt dich in ein zunehmend ausgeglichenes Verhältnis zu dieser Kraft von Zorn.

ॐ

Scheinheiligkeit

Spirituelle Weiterbildung des Ichs

F: Ich bin einfach voll von spirituellem Wissen, das ich mir angeeignet habe. Und jetzt sitze ich oft da und merke, sobald ich die Augen aufmache, auch vor Dir, gibt es so einen Sog, immer etwas darzustellen. Zum Beispiel jetzt auch eine Frage zu stellen, die impliziert, dass ich schon weit bin auf dem Weg.

OM: Es gibt einen falschen Fuffziger in dir.

F: Ja, der ist extrem.

OM: In seiner Sucht nach Aufmerksamkeit, nach Liebe, nach Größe, nach Macht, nach allem Möglichen, was diesem Ich angeboten wird, ist das Ich bereit, einen ziemlich hohen Preis zu zahlen. Das führt häufig dazu, dass Menschen, die mit Spiritualität in Kontakt kommen, spirituelle Weiterbildung des Ichs betreiben, ohne jedoch den Weg der Leidensbefreiung zu gehen. Ich las ein Zitat eines Meisters aus der Dzogchenlinie, eine sehr radikale Lehre im tibetischen Buddhismus. Der Meister sagte, er habe kein Interesse daran, mit spirituell gebildeten Menschen zu arbeiten. Diejenigen, die sich für ‚spirituell gebildet' hielten, die seien nicht wirklich bereit, nicht wirklich interessiert, die Lehre zu empfangen. Solche Schüler würde er ablehnen. Und so gibt es Hinweise in vielen Traditionen mit Zitaten von Meistern darüber, dass vermeintlich spirituell Gelehrte eigentlich die größten Hindernisse aufgebaut haben, um Wahrheit wirklich zu begegnen.

Sie sind nicht frisch, sie sind nicht aufnahmefähig wie ein Kind. Sie haben ihre Unschuld an spirituelles Pseudowissen verkauft. Sie haben Bücher gelesen, nicht weil sie wirklich wissen wollten, sondern weil sie gut da stehen wollten. Und sie haben es nicht wirklich für sich selbst getan. Sie haben es für andere getan, denen sie es ‚zeigen' wollten. Für den Vater, für die Mutter, für den Lehrer, für die Gesellschaft, für Gott. Sie haben es für den Anderen getan, um besser da zu stehen, um geliebt zu werden, für Anerkennung, Ruhm und Ehre. Dieser Kuhhandel hat mit Spiritualität noch gar nichts zu tun, auch wenn der scheinbare Gegenstand des Kuhhandels unter diesem Namen firmiert. Fast alle ‚Philosophen' (die ich, wie du weißt, gar nicht als Philosophen bezeichnen würde, sondern als philosophierende Gelehrte, die sich mit Wissen aus zweiter Hand vollgestopft haben) fallen in diese Kategorie, sie haben von *Innerer Wissenschaft* und damit vom Weg des Nicht-Wissens keine Ahnung.

Wer wissen will, was Spiritualität ist, der muss sich entleeren, nicht nur von Unwissen, sondern von Halbwissen, Besserwissen, Scheinwissen, überhaupt von Verstandeswissen, das kein *Wissen* ist. Der Abendländer der Moderne *weiß* nicht, nicht weil er unwissend ist, sondern er *weiß* nicht, weil er weiß, weil er zu viel weiß, so dass er nicht *weiß*. Es braucht eine Erfahrung des Scheiterns, eine Erfahrung der Demaskierung dieses Pseudowissens, der Absichten seiner Aneignung. Wenn du dafür bereit bist, unschuldig wie ein Kind, wenn du die Neugierde, die Sehnsucht nach wahrem Wissen in dieser Unschuld wiederfindest, dann gibt es kein Hindernis. Aber damit das möglich ist, musst du einen Preis zahlen, du musst deine innere Bibliothek aufgeben. Denn die Absicht war unrein, Eitelkeit ist kein Begleiter in wahre Schülerschaft. Die Schülerschaft des inneren Weges steht nicht in Beziehung zu einem Außen. Es geht nur um dich und deinen innersten Ruf. Der ist rein, unschuldig, neugierig, einfach. Kannst du das nehmen?

F: Ja.

OM: Wie ist dieser Moment?

F: Dicht und traurig, und der falsche Fünfziger ist auch jetzt da. Ich möchte mich immer ducken, ich warte sowieso immer, dass Du mir wieder den Kopf abschlägst. Und ein Teil soll auch gesehen werden, endlich, weil es sehr eng ist in mir.

OM: Es kann dir doch gar nichts besseres geschehen, als dass dem falschen Fuffziger der Kopf abgeschlagen wird. Den wolltest du doch nicht mehr beheimaten, oder? Dass alles gesehen werden darf, ist eine Voraussetzung für die Methode der Selbsterforschung, die kleine, wie die Große[37], denn sonst erforschen wir ja nur das, was gesehen werden darf. Und wenn sehr wenig gesehen werden darf, gibt es auch sehr wenig zu erforschen.

ॐ

Spiritualität als Fluchtraum vor dem, was ist

F: In meinem bisherigen Verständnis von einem sakralen Raum war dieser getrennt von dem, was ist. Plötzlich konnte ich erkennen, dass es möglich ist, den sakralen Raum aufzusuchen und mit dem zu sein, was gerade in mir ist.

OM: Da geschieht gerade eine wichtige Vereinigung in dir. In einfachen und klaren Worten beschreibst du die Entstehung von Scheinheiligkeit als eine Trennung zwischen dem sakralen Raum und dem, was ist. Der Scheinheilige hat eine Idee von einem sakralen Raum, einem heiligen Raum, der überhöht ist über das, was ist. Damit ist hier das Menschliche gemeint, das Gewöhnliche, das Niedere, Triebe, Gefühle usw. Spiritualität ist keine Überhöhung über das Menschliche, sondern eine Integration und Erhöhung des Menschlichen. Dort, wo mit den Grenzen des denkenden Geistes, der Ratio, das Menschliche endet, dort beginnt Spiritualität. Scheinheiligkeit ist keine spirituelle Krankheit, es ist eine menschliche Krankheit, die Bilder von Spiritualität benutzt, um Schwächen des Egos zu verbergen.

F: Mein Geist wollte es mir als Flucht verkaufen, in diesen Raum zu gehen.

OM: Für diesen Scheinheiligen war der sakrale Raum ein ‚panic room', ein Fluchtraum. Kann denn Spiritualität jemals ein Fluchtraum sein vor dem, was ist? In der Welt der Frommen ist das so und war das seit jeher so. Ein intimer Raum der Geborgenheit mit ‚Gott', fern von der Bedrohung von dem, was ist. Fromme Spiritualität ist von einer streng dualistischen Sicht geprägt, in der diese Trennung zwischen Realität und Spiritualität nicht aufgehoben wird. Wenn jedoch ein Advaita-Lehrer, ein Mystiker von der *Realität* spricht, dann meint er gewöhnlich die *einzige Realität* – jenseits der Wahrnehmungsverzerrungen, Einbildungen des denkenden Geistes. Er deutet auf das, was von der menschlichen Wahrnehmung unbeeindruckt, ist,

was es ist, war und sein wird. Das ist *Realität*. Die *Realität* kennt keine Trennung, weil sie nicht dualistischer Natur ist. Es gibt in ihr keine Trennung zwischen Realität und Spiritualität. Nicht einmal das, was nicht ist, ist getrennt von dem, was ist. Aber diese Lehre ist für den Verstand ungeeignet, für die Frommen sowieso.
Um deiner Tendenz zur Scheinheiligkeit entgegenzuwirken, ist es wichtig, die Aufmerksamkeit auf das Zusammenstreben von deinem Verständnis von Spiritualität und ‚Dem-Was-Ist' zu richten, nicht auf das Auseinanderstreben. Das erspart dir auf dem inneren Weg viel Arbeit, denn ich habe bei Schülern des Weges mit starken Tendenzen zur Scheinheiligkeit große Schwierigkeiten beobachtet, die Brücke zu wirklicher Spiritualität zu überqueren. Scheinspiritualität aus der Welt der Frommen zusammenbrechen zu lassen, um dann überhaupt erst einmal Mensch zu werden, das ist (auch) ein schmerzhafter Prozess. Aber: Es ist ein heilsamer Prozess.

ॐ

Spiritueller Hochmut

F: Vorgestern ist die Stille mit Macht zu mir gekommen, und seitdem noch mehrere Male. Und ich bin ihr mit Hochmut begegnet. Ich entdecke seit gestern Abend überall nur Hochmut. Und ich möchte gerne diesen Hochmut zu Deinen Füßen legen.

OM: Ja, komm nach vorne. Schau dich in Stille um. – Was war denn die Widmung, die ich dir ins Buch geschrieben habe?

F: Die lautete: „Hochmut wollte den Meister immer nach den Mahlzeiten empfangen, aber er kam und ging, wann er wollte. Ich bin der Meister der Gesetzlosen, pflegte er zu sagen." Und ich möchte mich endlich in diese Gesetze, in die göttlichen Gesetze, einfügen und nicht immer etwas dagegensetzen.

OM: Ja. Doch du kannst dich nicht in göttliche Gesetze einfügen. Wie kannst du dich in Gesetze einfügen, die du nicht kennst? Du kannst dich der Gesetzlosigkeit und der Weite, die sich darin auftut, hingeben. Die Gesetzlosigkeit, die der Raum ist, der entsteht, wenn deine Gesetze, deine Regeln, deine Vorschriften, deine Verbote, deine Gebote, wenn all das hingegeben wird. Denn darin besteht dein Hochmut: Er bestimmt die Regeln selbst und glaubt, er könnte die göttlichen Gesetze verstehen, um als ein guter Mensch, eine gute Schülerin, ein spiritueller Mensch nach ihnen zu leben. Wenn Menschen das versuchen, als spiritueller Mensch nach göttlichen Gesetzen zu leben, die sie unwissentlich selbst geschaffen haben, dann wird Hochmut die Folge sein. Und es ist gut, dass du genau das jetzt sehen und fühlen kannst. Denn das ist es, was den Hochmut besonders erhöht, dass er vorgibt, spirituell zu sein. Spiritueller Hochmut ist die höchste Form des Hochmuts. Es ist immer schmerzhaft, wenn das Ich göttliche Gesetze bemüht, wenn das Ich ein spirituelles Deckmäntelchen über seine Machenschaften hängt. Wie ist es, wenn du jetzt eintrittst in den gesetzlosen Raum? Ein Raum, dessen Gesetze du nicht kennen kannst und musst? Die göttlichen Gesetze werden sich preisgeben. Sie sind sich ihrer selbst bewusst, sie brauchen das Ich nicht. Die Vorstellung, dass das Ich lernen könnte, nach ihnen zu leben, das ist eine begrenzte Vorstellung, die letztlich in Hochmut mündet – in spirituelle Überhöhung des Ich. Ein ‚spirituelles Ich' existiert in den inneren Lehren nicht.

ॐ

Heiligung und Menschwerdung

F: Ich gehe jetzt schon so lange einen spirituellen Weg, bemühe mich um Verinnerlichung, und jetzt fühle ich so eine Müdigkeit, fast wie Resignation.

OM: Die Scheinheiligkeit macht dich schwach. Du bist ein gutes Beispiel für jemand, der viele Jahre lang einen spirituellen Weg geht, einen Weg, den er versteht als einen Weg der Heiligung des Menschseins. Ist es nicht auch das, was uns die Kirche immer wieder versprochen hat? Die Heiligsprechung derjenigen wenigen, die das sündhafte Menschsein überwunden haben und ein vorbildliches, ein heiliges Leben geführt haben? Ist es nicht eigenartig, dass die Heiligsprechung immer erst dann erfolgte, wenn denjenigen längst das Zeitliche gesegnet hatte? Hat die katholische Kirche überhaupt schon irgendwann einmal einen Heiligen zu Lebzeiten heiliggesprochen? Und trotzdem, trotz dieser offensichtlichen Ungereimtheiten, die sich da auftun, ist es das alte Konzept, das alte Leid des Glaubens an die Heiligung auf dem spirituellen Weg, das du lebst. Du hast nicht verstanden, dass die Heiligung auf dem spirituellen Weg das gleiche ist wie die Menschwerdung. Und dass sich die Heiligung von der Menschwerdung in keiner Weise unterscheidet. Was du aber gelernt hast und was du tust, ist dies: Du verleugnest das Menschsein für das Versprechen der Heiligung. Du verleugnest einfachste menschliche Kräfte, verleugnest den Willen, verleugnest den Zorn, verleugnest die Kraft, verleugnest deinen Instinkt. Weil man dir weisgemacht hat, dass dieser Weg ein Weg ist, auf dem das Menschsein nicht erhöht, sondern überhöht werden muss. Und weil du tief in deinem Unterbewusstsein diese Heiligung als eine Überhöhung des Menschseins verstehst, und nicht als das Menschsein selbst. Wenn ich von Scheinheiligkeit spreche, dann deutet eben diese Scheinheiligkeit auf dieses tiefgreifende Missverständnis hin. Scheinheiligkeit ist immer der Versuch, das vermeintlich niedere Menschsein zu verlassen und sich darüber zu überhöhen. Du hast viele Jahre im indischen Kollektiv gelebt, oder dich dem indischen Kollektiv zugewandt, und hast den Schatten des indischen Kollektivs geatmet, der genau dieser ist. Und wenn dich gelehrt worden ist, dass du nicht dieser Körper bist, und dass es darum geht, diesen Körper zurückzulassen, dann hast du das benutzt für dein Konzept von Heiligkeit, und hast den Körper und damit das gesamte Menschsein als in irgendeiner Form niederträchtig belegt. Das ist nicht der Weg. Das ist nicht das, was Heiligkeit wirklich ist. Wenn du wahre Heiligkeit finden willst, musst du zunächst Mensch sein, mit all den vermeintlichen Fehlern und niederen Qualitäten, die dieses Menschsein mit sich bringt. Erst wenn ein Mensch bereit ist, wirklich Mensch zu sein, dann kann die Erhöhung geschehen. Nicht vorher.

ॐ

Verweigerung

Die Macht der Verweigerung

F: OM, ich habe in der Pause einen extremen Schmerz gehabt im rechten Bein, konnte fast nicht gehen, und jetzt, als du gesprochen hast von diesem Bild der Zwiebel, habe ich das Gefühl gehabt, ich stemme mich dagegen, aber gleichzeitig möchte ich mich auch schälen lassen.

OM: Hast du dich einmal gefragt, was deine Beziehung ist zur Kraft, zur Macht der Verweigerung?

F: Das habe ich, ja.

OM: Welche Antwort kam?

F: Dass die sehr mächtig sein kann.

OM: Es hat einen stimmigen und nachvollziehbaren evolutionären Hintergrund, dass der Mensch durch die Macht der Verweigerung zu gehen hat, um dieses Ich überhaupt bilden zu können. Als ein Mensch, der durch diese Stufen gegangen ist, und als ein Mensch, der an absoluter Freiheit interessiert ist, muss er sich jedoch folgende Frage stellen: Stell dir einen Zustand vor, in dem du nicht mehr die Möglichkeit hast ‚Nein' zu sagen zur Wahrheit, zum Selbst, zu Dem-Was-Ist. Stell dir also einen Zustand vor, in dem es keinen Eigenwillen und keine Nein-Sager-Fähigkeit mehr gibt, in dem du dir also, so wie es sich in dem Ich darstellt, nicht mehr aussuchen kannst, was du willst und was du nicht willst. Aus der Sicht des Ichs stellt sich diese Perspektive erst einmal als ein Verlust dar. Eben diesen Verlust des Eigenwillens betrachtet der Aufgeklärte (der allerdings, wie wir aus der inneren Lehre wissen, gar nicht vollständig aufgeklärt wurde) als einen Verlust, ja sogar als eine Beschränkung seiner Freiheit. Wenn der Aufgeklärte sich dann einen spirituellen Text zu Gemüte führt, in dem es heißt, der Eigenwille müsse aufgegeben werden, entstehen in ihm unverzüglich Schreckensbilder blinden Gehorsams, die von Misstrauen begleitet werden. Und an diesen Bildern ist ja, wie an so vielen kritischen Deutungen des denkenden Geistes, immer ein Quäntchen Wahrheit, was natürlich die Unterscheidungskraft erschwert. Aber dieser blinde Gehorsam kann nicht das sein, was gemeint ist, denn blinder Gehorsam ist keineswegs die zwangsläufige Folge der Aufgabe des vermeintlich selbstbestimmten Eigenwillens. Gehorsam ist gemeint, ja, nur Blindheit ist nicht gemeint. Es gibt einen Gehorsam, den wir mit dem Wort ‚bewusst' näher beschreiben können, einen vollkommen bewussten Gehorsam. Gehorsam ist nämlich jeder Mensch, nur sind die allermeisten unbewusst gehorsam. Auch der eigenwillige, ‚selbstbestimmte' Aufgeklärte ist gehorsam, ohne sich dessen gänzlich bewusst zu sein: gehorsam gegenüber dem Eigenwillen.

F: Und wieder sind wir bei der Fragestellung der Dame von vorhin. Was verleitet mich eigentlich dazu, einen Herzenszustand wieder zu verlassen?

OM: Und wir kommen einer wesentlichen Antwort auf die Spur. Es ist Ungehorsam. Ungehorsam dem Herzen gegenüber. Wir haben nicht gelernt, und der Eigenwille will es auch nicht lernen, wirklich gehorsam zu sein. Jeder

wirklich ernstzunehmende Weisheitslehrer, ganz gleich welcher Tradition er anhängt, wird betonen, dass Gehorsam einer der ganz großen essentiellen Qualitäten ist, die jeder Mensch erlangen muss, denn ohne das gibt es eine zwangsläufige Rückkehr in das Alte. Wie gesagt, sind wir ohnehin gehorsam. Fragt sich nur, wem gegenüber. Auch der Ungehorsamste der Ungehorsamen ist gehorsam. Nur leider aus Blindheit dem Falschen gegenüber. Die Macht der Verweigerung in dir ist eng verknüpft mit Ungehorsam. Das ist es, was dich verleitet, dich zu wehren gegen das, was du nicht wirklich aufhalten kannst. Du kannst den Strom der Erkenntnis, den Strom des Lebens, des ‚Stirb-und-werde' nicht aufhalten, du kannst nicht aufhalten, dass der Fluss in den Ozean strömt, aber dennoch versuchst du es. „Wenn ich es nicht aufhalten kann", so lässt sich dieser Geist vernehmen, „dann will ich wenigstens versuchen, es hinauszuzögern". Das nennen viele Menschen unserer Zeit ‚mein' Leben: Es möglichst lange hinauszögern, dass der Fluss wieder in den Ozean strömt. Eine Metapher der inneren Lehren für den Tod. Die Tätigkeit des Eigenwillens ist darauf ausgerichtet.
Wenn du jetzt sagst, das ist doch absurd, dann gebe ich dir Recht. Aber der Eigenwille täuscht eine Form von Klarheit vor („Ich weiß, was ich will"), während im Moment seines Wirkens meist keine Bewusstheit darüber herrscht, dass dies nicht mein wahrer Wille ist. Die wahre Absurdität dessen, was du eigentlich lebst und was in dir wirkt, tritt erst dann zu Tage, wenn es ins Bewusstsein tritt. Es mag sein, dass ein anderer Mensch – aus einem höheren Bewusstseinszustand – dich sieht und sich an den Kopf langt und denkt, das kann ja wohl nicht wahr sein. Du selbst jedoch findest alles ganz normal. Die Normalität des Wahnsinns

ist die sich beständig bestätigende Wiederholung alter, unbewusster Vorgänge. Du findest es so lange normal, wie es nicht im Bewusstsein erscheint. Und ich weise die Menschen immer wieder darauf hin: Vergegenwärtige dir, dass dein Ich-Bewusstsein nur die Spitze des Eisbergs ist. Ein Prozent ist bewusst, der Rest ist unter Wasser. Wenn du dir das vergegenwärtigen willst, dann tauche selbst ein. Geh unter Wasser. Sieh das. Das ist Heilung durch Erkenntnis. Sich gegen die Verweigerung und die Machtansprüche dieses Ichs zur Wehr zu setzen, taucht den Eisberg nur noch weiter unter, denn die Macht der Verweigerung kann nicht durch Verweigerung ausgelöscht werden.

F: Das zu sehen reicht?

OM: Du unterschätzt die Kraft des Sehens, die Kraft deiner Aufmerksamkeit. Wir sind in der Lage, viel mehr zu sehen, als wir glauben. Wir brauchen nur eine gewisse Direktive, wie Sehen geht. Eigentlich wissen wir es, aber das Sehen ist verschleiert. Also müssen wir nicht lernen zu sehen, wir müssen nur lernen, die Schleier zu entfernen. Wenn wir nicht mehr verschleiert sehen, dann bleibt reines Sehen. Und im reinen Sehen, einer Qualität des Bewusstseins selbst, gibt es nichts, was dir verborgen bleibt.

ॐ

Verweigerung gegenüber der Kraft von Gott-Vater

F: Guten Morgen, lieber OM. Ich möchte berichten, was in mir vorgeht. Ich bin manchmal etwas aufgewühlt, manchmal viel. Ich höre jedenfalls den Ruf des Vaters.

OM: Was ruft er?

F: (*weint*) *Er ist zu meiner Ausrichtung geworden. Ich kann sehen, wie schlimm das ist, das überhaupt übersehen zu können.*

OM: Ja, du hast vorübergehend deine Ausrichtung verloren. Und tatsächlich ist es die Kraft des Vaters, nicht des persönlichen Vaters, aber die Kraft jenes Prinzips, das wir im Christentum Gott-Vater nennen, die den Menschen Ausrichtung verleiht. Menschen, die innerlich ziellos umherwandern, oder durch die Welt wandern und ganz vergessen haben, was eigentlich der Weg, das Ziel, die Richtung ist, das sind Menschen, die sich dieser Kraft gegenüber, Gott-Vater gegenüber verweigert haben, so dass dieses richtungsgebende Prinzip geschwächt ist. Und leider ist es so, dass tatsächlich diese Kraft von Gott-Vater sich auch durch den persönlichen Vater manifestiert, mit dem sich viele erzürnt, angelegt und von dem sie innerlich Abstand genommen haben, weil sie natürlich als Kind nicht begriffen haben, dass dieser persönliche Vater nicht nur ein persönlicher Vater ist. Sie hielten ihn für ein Ich genau so, wie sie sich selbst für ein Ich hielten, und hatten keinerlei unpersönliche Sicht des Lebens.

F: Du sagst, die Verweigerung gegenüber dem leiblichen Vater ist eigentlich gar keine Verweigerung gegenüber dem leiblichen Vater?

OM: Nein, es ist eine Verweigerung gegenüber der Integration eines kosmischen Prinzips, das wir Vater nennen. Wer mit diesem leiblichen Vater einen unüberwindlichen Konflikt eingegangen ist, nicht erkennen wollend, dass dies ein Konflikt in seinem eigenen Geist, in seiner eigenen Welt ist, dem geschieht es, dass ihm Ausrichtung verloren geht, genauso wie Rückhalt.

Und dieser tiefgreifende Richtungsverlust, diese Orientierungslosigkeit, diese Vergessenheit der Ausrichtung hat ihre Ursache in einer Verweigerung gegenüber der Kraft von Gott-Vater. Dein Dilemma und das Dilemma der meisten Menschen beginnt und nimmt seinen Lauf, weil sie nicht in der Lage sind, sich mit diesem persönlichen Vater anzufreunden, beziehungsweise in ihm eine Kraft anzuerkennen jenseits seiner Unerleuchtung, jenseits seiner persönlichen Schwächen, selbst jenseits des persönlichen Missbrauchs männlicher Kraft. Sie weigern sich zu sehen, dass diese Kraft dennoch die Repräsentanz einer unpersönlichen Kraft ist, die wir als die Kraft von Gott-Vater bezeichnen. Und diese Verweigerung hat massive Konsequenzen im Leiden des persönlichen Ichs. Ihnen fehlt die Ausrichtung, ihnen fehlt es an innerer Führung, und sie haben das Ziel aus dem Auge verloren. Diese Ziellosigkeit, die mit unscharfem Sehen einhergeht, befällt Menschen auch auf dem inneren Weg. Es kann so etwas wie eine Initialzündung geben, die das Interesse am inneren Weg weckt, beispielsweise durch das Lesen eines spirituellen Buches, was sie tief berührt, eine Begegnung mit einem Meister, eine innere Erfahrung großer Öffnung, die sie auf den Weg führt. Doch dann, in der Zeit – und das ist eine Beobachtung, die ich immer wieder mache – verlieren sie die Ausrichtung. Sie streunen umher, sie vergessen sich wieder im Unwesentlichen („zu beschäftigt"), sie vermögen es nicht, sich ausreichend zu erinnern, um was es in diesem Leben eigentlich geht. Sie verlieren sich in der täglichen Arbeit oder auf dem Sofa. Sie verlieren sich mit der Freundin, mit dem Partner, sie verlieren sich in den kleinen Sorgen des persönlichen Ichs, in den Krankheiten des Körpers – es gibt so viele Orte, um sich gänzlich zu verlieren und alles aus dem Auge zu verlieren, worum es in diesem Leben wirklich geht, nämlich um das Erwachen aus einem Schlafzustand, den wir mit Wachbewusstsein verwechseln. Was sich darin zeigt, ist eine Schwäche innerer Führung.

F: Ich habe immer selbst versucht, mir Führung zu geben, aber in Wirklichkeit habe ich mich einfach nur dem Vater gegenüber verweigert. „Ich kann es selbst", das war mein innerer Leitspruch.

OM: Ja und das hat dich starr gemacht. Ausrichtung durch das kosmische Prinzip des Vaters macht nicht starr. Ganz im Gegenteil: Die Starrheit, die dich befallen hat und die auch deine Wirbelsäule befallen hat, ist zu sehen als ein Versuch, sich eben dieser Ausrichtung gegenüber zu verweigern, dieser Führung, die als eine innere, zutiefst innere Führung gesehen werden muss. So bleibt uns nichts anderes übrig, als diese persönliche Schicht, in der die Kraft des leiblichen Vaters erschienen ist, zu nehmen, durch diese persönliche Schicht hindurch zu tauchen, bis ich soweit unverblendet bin, dass ich in der Lage bin zu sehen: Das war nur eine Maske des Einen Vaters. Es muss eine gewisse Anstrengung aufgebracht werden, bis die natürliche Ausrichtung wieder erlangt wird, wieder erinnert wird, indem du dich mit der Kraft des Vaters wieder verbindest. Du hast dich davon getrennt, und musst im Moment die Konsequenzen tragen. Es sind Teile des großen Mosaiks kosmischer Kräfte, die Menschen verloren gegangen sind, die ihnen fehlen, indem sie sich von vielem getrennt haben. Aber jetzt kannst du sehen, dass deine Wiedererinnerung der Ausrichtung auf diese Kraft den Respekt ihr gegenüber auf ganz natürliche Weise weckt. Der Vater hat sich nämlich nie von dir getrennt, du hast dich von ihm getrennt: „Immer wenn ich dich brauchte, war *ich* nicht da." Durch diese innere Wiedervereinigung findet auch Disziplin wieder ihren natürlichen Platz auf deinem Weg, wird nicht mehr als anstrengend empfunden und zeigt dir den Weg, der das Ziel ist.

ॐ

Die Lust am Nein

F: Ich erkenne das gigantische NEIN und ich erkenne das gigantische EGO, das da steht. Und ich bin an einem Punkt angekommen, wo wieder mehr Demut gefordert ist.

OM: Macht es dir Lust, NEIN sagen zu können angesichts von Gott? Befriedigt es dich auf eine bestimmte Weise, Wahrheit zurückweisen zu können? Ist das Nahrung für ein primitives Lustprinzip, welches in dir wirkt? Dieselbe Lust, die schon der kleine Junge empfunden hat, als er das NEIN seinem Vater entgegen schleudern konnte? Und kann es nicht sein, dass du in dieser Entwicklungsstufe eingefroren bist?

F: Das stimmt.

OM: Das ist überhaupt keine Plattitüde. Es ist vielmehr eine differenzierte Forschung notwendig, um diese Umstände wirklich frei zu legen, was es heißt, dass ein erwachsener Mann, so wie du, seit 58,5 Jahren verbissen an einem einzigen Wort festhält. Was für eine gigantische Bedeutung muss das in deiner Welt haben, dass du es über alles stellst. Und wenn du betrachtest, auf welche Weise du bisher deinen Weg gehst – ein Weg mit ständigen Unterbrechungen, immer wieder mit Zurückweisungen des SEINSflusses, Momenten, in denen dieses machtvolle eine Wort seit nunmehr 58,5 Jahren wieder den absoluten Raum ergreift. Das NEIN war schon da, als du einfache Handlungen des wahren Willens hättest erfüllen müssen, die dich zu dem Ort geführt hätten, wo die Begegnung stattgefunden hätte. Aber du verweigerst es. Und du hast das Gedächtnis eines Elefanten angenommen. Das sind diejenigen, die es nicht vermögen, bestimmte Dinge, die irgendwann einmal geschehen sind, einfach aus ihrem Gedächtnis freizugeben. Das sind diejenigen, die niemals verzeihen können, die bis zum Ende aller Tage nachtragen.

F: Es ist eine Form von Rache

OM: Rache folgt auch diesem einen Wort. Und erstaunlicherweise wird sie vom Lustprinzip ernährt. Es ist ein ganz primitives Prinzip, welches mit dem Tierkörper verbunden ist. Rache gibt sich für diese kurze Befriedigung her, die darin besteht, einen Augenblick des Triumphs zu erleben. Ob der real ist oder nicht, das interessiert sie sowieso nicht. Wie kommt es, dass dieser ganz primitive Antrieb in dir immer wieder den Raum zur Verfügung gestellt bekommt, so dass dein eigentlicher, tieferer Wunsch nach Freiheit sabotiert wird?

F: Das möchte ich gern untersuchen. Ich erlebe mich nur immer wieder in Unbewusstheit, wenn so etwas passiert.

OM: Unbewusstheit schützt vor Konsequenzen nicht. Unbewusstheit ist der Mantel des Schlafes, den du in Verantwortung über das Geschehen legst, so dass die Dämonen unerkannt den Raum betreten können. Wenn du dem NEIN die Lust entziehst, wenn es dir mehr Lust macht, Ja zum Herzen zu sagen, dann verliert das NEIN sukzessive an Macht, verliert seine unnatürliche Dominanz und ordnet sich ein. Auch das Herz kann Nein sagen, aber liegt weder Lust noch Rache darin, nicht einmal ein Wunsch nach Befriedigung. Wer im Herzen ist, der ist bereits befriedet.

ॐ

Die Weigerung zu fühlen

F: Ich habe zwei Jahre lang sehr engagiert in einem Projekt gearbeitet, welches jetzt gescheitert ist, und ich habe meinen Frieden damit noch nicht gefunden. Vorhin konnte ich das erste Mal darüber heulen.

OM: Hast du denn die Trauer darüber schon genommen?

F: Nein, das war das erste Mal heute, dass ich sie überhaupt gespürt habe.

OM: Dann würde ich dir vorschlagen, dass du zunächst mal die Trauer über das, was zerstört worden ist, einfach ohne Bewertung fühlst. Was ich in dir sehr stark wahrnehme, ist, dass du dich nicht fühlst. Die ganzen Geschichten, warum das geschehen ist, wie das hätte verhindert werden können, ob es hätte verhindert werden können, das Hadern damit, wie es geschehen ist, all das ist eigentlich unwesentlich. Viel wesentlicher ist, dass du lernst, dich zu fühlen. Und wenn du sagst, es regt mich auf, dann ist das kein fühlender Zustand. Es ist ein Zustand, in dem du dich verlässt. Es ist ein Zustand, in dem du an die Oberfläche aufsteigst und die fühlende Anwesenheit deiner selbst verlässt. Alles was geschehen ist, ist richtig so. Was du daraus wirklich lernen kannst, das kann erst gesehen werden, wenn du bereit bist zu fühlen, was es mit dir macht. Aber bisher ist es eher so, dass du dich windest wie ein Aal, du verstrickst dich in Gedankenformen, die ich eben benannt habe: Warum ist es geschehen, hätte es anders geschehen können, was wäre gewesen, wenn ... usw. All das ist nicht wesentlich. Es ist nicht wesentlich für dein Erkennen, es ist nicht wesentlich für die Vertiefung deiner selbst. Im Gegenteil, es handelt sich um die in unseren Breiten überall und ständig anzutreffende Abwehr der *Rationalisierung*[38], die gar nicht als Abwehr erkannt wird, weil sie die Normalität des veräußerlichten Menschen darstellt, dem die Gesetze der geistigen Welt nicht bekannt sind.

Du musst vorausschauen und schauen, was es ist, was sich in dir öffnen möchte. Dass es sich um einen Todesprozess handelt, das ist sicher. Aber weißt du, wenn Todesprozesse in Menschen geschehen, dann ist nicht der Todesprozess das eigentlich schmerzhafte, sondern die Tatsache, dass sie nicht bereit sind, diesen Prozess wirklich zu nehmen. Und diese Gedankenformen, die ich gerade als Beispiel genannt habe, das sind genau diese Geschichten, die der Geist erzählt, die dazu führen, dass dieser Todesprozess nicht genommen werden kann. Es ist eigentlich eine Verweigerung, zu nehmen Was-Ist.

Wie kommt es, dass wir Geburtsprozesse so viel leichter nehmen wollen als Todesprozesse? Glauben wir, das Leben sei eine endlose Abfolge von Geburten? Glauben wir, dass überhaupt irgendeine Geburt des Neuen möglich ist, wenn wir nicht bereit sind, diesen Todesprozess wirklich zu durchleben? Bei Bewusstsein und in Anwesenheit unserer selbst? Du musst bereit sein, diesen Prozess, die Erschütterung und das, was es in dir auslöst, zu nehmen, zu fühlen und damit still zu werden, anstatt dich ‚aufzuregen', was nur eine verharmlosende Sprachform ist von: Ich verlasse mich selbst, ich will nicht fühlend anwesend bleiben und will den Geist beschäftigen. Das ist sinnlos, das ist fruchtlos, es ist reine Ablenkung.
Es schafft Aufklärung, sich der wahren Lehre zuzuwenden und sie in Empfang zu nehmen, Schritt für Schritt. Im Moment geht es einfach nur darum, diesen Prozess des Verlustes zu nehmen, mit dem Schmerz und der Trauer, den er in dir auslöst. Das ist eine sehr einfache Botschaft. Aber ich weiß, wie viel Widerstand der Geist dagegen aufbaut, diese einfache fühlende Anwesenheit aufrecht zu erhalten. Und das ist im Moment die Aufgabe.

ॐ

Widerstand

Der Fels

F: Ich nutze nichts, was mir angeboten wird auf dem inneren Weg, nicht die Sangha, nicht den Darshan. Wenn ich hier herkomme, ist das für mich eine Möglichkeit, inne zu halten. Aber das ist die Ausnahme.

OM: Was nutzt du denn eigentlich?

F: Dinge, die mich ablenken, im Beruf, in der Familie.

OM: Es gibt Menschen, ich sage das in aller Nüchternheit, es gibt Menschen, die wollen einfach nicht. Es spielt keine Rolle, was ihnen alles gereicht wird. Sie wollen einfach nicht. Es ist tatsächlich so einfach. Es scheint einen unüberwindlichen Unmut zu geben, der sich gegen alles richtet, gegen die Wahrheit, gegen die Unwahrheit, gegen das Selbst, gegen Andere, das Leben, gegen das Undefinierbare, gegen einfach alles. Ein Unmut, dem es einfach nur um sich selbst geht – er weiß selbst gar nicht, worum es ihm geht. Es geht ihm um sich selbst, um die Aufrechterhaltung, um die Verewigung seiner selbst. Es gibt Dinge, die treten in die Welt und sind vollkommen unbeeindruckbar von allem. Man muss sich vorstellen: Ein Fels tritt in die Welt und es geht ihm einfach nur um sein Dasein. Der ist nicht offen dafür, verrückt zu werden, ich meine – ver-rückt zu werden von einem Ort zum anderen. Der will sich einfach nur behaupten, da wo er ist. Das ist alles. Es gibt in der äußeren Evolution Formen mit jeweils spezifischen Eigenschaften, die auch energetischen Zuständen im menschlichen Bewusstsein entsprechen: Nehmen wir einen Fels, einen Baum, eine Pflanze, ein Tier, und diese Zustände sind auf verschiedene Arten und Weisen ansprechbar. Ein Fels ist nur bedingt ansprechbar.

Es gibt in dir einen primitiven Zustand, der zugleich sehr machtvoll ist. Ich möchte ihn den ‚Fels' nennen. Ein Fels beschreibt jedoch keinen differenzierten, hoch intelligenten Zustand. Seine Attraktivität liegt vielmehr in seiner Masse und in der Macht, die er durch die Massivität der Masse besitzt. Dass er nicht ansprechbar ist, dass er nicht verrückbar ist, dass er nicht veränderbar ist, das nimmt er in Kauf, der Fels, und diese Not wird zu seiner Tugend umgemünzt. Dem Fels geht es in erster Linie um den machtvollen Selbstausdruck, die Behauptung seines Daseins. Das empfindet er als Kraft, das ist für ihn Kraft, dass jede Welle des Lebens sich an ihm bricht und ihm nichts anhaben kann. „Komme was wolle, ich sitze hier, die Jahre ziehen an mir vorbei, niemand wird mich jemals auch nur um einen Zentimeter verrücken." Das sind der Fels und sein Machtanspruch. Und diese Haltung ist keinesfalls zu verwechseln mit Buddha unter dem Bodhibaum, der diesen Baum nicht verlässt, bis er Erleuchtung erlangt. Poonjaji nannte solche Menschen ‚rock people'. Sie haben, zum Schutze ihres Egos, einen primitiven und entsprechend hoch wirksamen Zustand der Versteinerung angenommen. Fels fängt kein Feuer.[39]

Es handelt sich tatsächlich um eine tiefgreifende Regression, die über den kindlichen Zustand hinausgeht, eine Rückkehr in einen frühen evolutionären Zustand, dem es an Wandlungsfähigkeit fehlt. Eben diese Wandlungsfähigkeit benötigst du jedoch ganz dringend, wenn du an einem inneren Weg interessiert bist, denn ein innerer Weg ist eben dies: ein Weg der Wandlung.

ॐ

Restwiderstand

F: OM, Du hast von dem Phänomen des Restwiderstands gesprochen. Das verstehe ich nicht wirklich – kannst Du sagen, was Du damit meinst?

OM: Nun, der sogenannte Restwiderstand ist ein Hinweis eben darauf, dass unser freier Wille nicht so frei ist, wie er es gerne hätte. Und das bedeutet auch, dass die Entscheidungen für etwas in diesem Ich immer mit dem Schatten eines Restwiderstandes einhergehen. Beispielsweise „Ich will ja", so hieß es eben in dem Brief, „Ich will doch die Nähe zum Leben. Ich will doch die Nähe zum Lehrer." Woher dann diese Distanzierung? Restwiderstand. Zu jedem ‚Ja', gibt es immer noch ein ‚Nein', den Restwiderstand. So ist das Ich. Diese Struktur ist schmerzlich, wenn wir uns davon wirklich berühren lassen. Und es ist diese Berührung selbst, in der wir nichts mehr tun können und auch nichts mehr tun müssen, die diesen Restwiderstand auflösen kann. Das ist das Geheimnis. Was auch immer wir tun, es wird Restwiderstand hervorbringen. Jedes Wollen, jedes Müssen wird in diesem Geist einen Restwiderstand mit sich bringen, Reste einer Gegenbewegung, in der dieses mehrköpfige Wesen namens Geist gegen sich selbst im Widerstand ist. Es ist nicht zu vermeiden. Der, der eine Entscheidung für etwas trifft, kann nicht zu einhundert Prozent eine Entscheidung für etwas treffen.

Nicht auf dem inneren Weg. Wer das glaubt, hat nicht verstanden, wie dieses Ich funktioniert.

F: Wenn du dieses Ich als mehrköpfiges Wesen bezeichnest, dann nehme ich an, dass der eine Kopf nicht genau das gleiche will, wie der andere.

OM: Dieser denkende Geist lebt in der Dualität und solange es (mindestens) zwei gibt, wird der bewusste Entscheider (ein Kopf) vom Restwiderstand des unterbewussten Gegenentscheiders (zweiter Kopf) beeinträchtigt. Diese Situation ist nicht durch noch größere Bemühung des einen Kopfes zu überwinden. Wir können etwas zu 99% schaffen, aber nicht zu 100%. Das letzte Prozent das ist das schwierigste. „Das Unterbewusste ist die hauptsächliche Ursache dafür, dass alle Dinge sich ständig wiederholen und niemals etwas verändert wird", schreibt Sri Aurobindo über das Unterbewusste, und weiter „all das, was man unterdrückt hat, sinkt dort hinab und lagert als Keim, der bereit ist, jeden Augenblick aufzuschießen".[40]

F: Aber wenn es nicht durch Bemühung verändert werden kann, wie kann es dann verändert werden?

OM: Ja, wie ist das möglich? Das ist nur möglich durch den Akt der Kapitulation, durch absolute Hingabe an das Sein. Das Eingeständnis, da ist etwas, da ist eine Kraft, die ist größer als dieses Ich. Größer als der Größenwahn des Eigenwillens, des Widerstandes, des Wissens und Verstehens dieses Ichs. Dieses letzte Prozent das ist das Ganze, das Alles, das Große. Das ist die Überwindung der Polarität, des Restwiderstandes. Zunächst verzweifeln wir daran, dass wir die Erlösung nicht zu einhundert Prozent wollen können. Dass wir Freiheit nicht zu einhundert Prozent wollen können, denn es gibt einen Restwiderstand. Der Restwiderstand hält die Polarität aufrecht. Die Polarität von Ja und Nein, von Licht und Dunkel, von Positiv und Negativ, von Gut und Böse usw. Das ist die Welt, in der der Geist lebt, nach diesen Gesetzen ist er gezwungen, sich zu richten. Er besteht daraus, er kann sie nicht vollständig überwinden. Und, so heißt es in der hinduistischen Weisheitslehre, dass selbst der sattvische[41] Geist – das ist der Geist, der durch Entleerung, durch die Praxis der Meditation in Frieden ruht und gereinigt ist, geläutert, transparent, durchscheinend – noch ein Dieb ist, denn in ihm gibt es immer noch den Restwiderstand. Das ist das Ich, das Wesen dieses Ichs. Und diesen Restwiderstand können wir nicht mehr wegmachen. Wir können uns auf den Kopf stellen, wir können die Praxis der Meditation ausweiten, wir können geheime Techniken anwenden, wir können ihn nicht wegmachen. Dass dieser Restwiderstand gehen kann, das ist das, was mit Gnade gemeint ist. Gnade unterliegt nicht mehr den Gesetzen dieses Ichs. Und es interessiert die Gnade überhaupt nicht, ob jemand an sie glaubt, an ihre Existenz glaubt oder nicht. Genau so wenig wie es DAS, was jenseits dieses Geistes ist, nicht interessiert, ob die Begrenzung dieses Geistes sie erfassen kann oder nicht. Aurobindo umschreibt das Wirken der Gnade mit dem ‚höheren Licht' und der ‚höheren Kraft'. „Das Wirken des Unterbewussten hört weder auf den Verstand, noch auf den mentalen Willen. Nur indem man das höhere Licht und die höhere Kraft in es herab bringt, kann es sich ändern."[42] Vielleicht ist diese Ausdrucksweise noch etwas unglücklich, es kann sich allerdings auch um eine Ungenauigkeit des Übersetzers handeln. Ich würde sagen: Indem man das höhere Licht in das Unterbewusste herab bringen lässt. Dieses ‚höhere Licht', damit ist das allumfassende Bewusstsein selbst gemeint. Es ist dieses allumfassende Bewusstsein selbst, welches das Unterbewusstsein und damit auch jeden Restwiderstand löscht, nicht unser Tun.

ॐ

Geh den Weg des Feuers!

F: Ich wollte eigentlich heute Morgen über ein Gefühl von Radikalität, Klarheit und einem unglaublichen Feuer, was ich in mir manchmal spüre, sprechen. Doch dann war ich erst so verwirrt und habe mich nicht mehr gemeldet. Weil mir das oft passiert, frage ich mich, wie es dazu kommt?

OM: Interessant ist doch Folgendes. Im ersten Satz sagst du: „Ich nahm die Radikalität des inneren Feuers wahr", und im zweiten Satz dann: „Ich war dann erst mal so verwirrt". Da drängt sich die Frage auf, welchen Bogen du gehst, um vom ersten Zustand zum zweiten Zustand zu gelangen. „Ich war dann so verwirrt." Eben war die Radikalität des inneren Feuers präsent, und im nächsten Moment ist dann Verwirrung da, und „ich weiß auch nicht, was jetzt gerade passiert ist", „ich fühl mich einfach benebelt und verwirrt". Wenn sich Realitäten plötzlich verändern, dann ist es wesentlich, den Pfad zu verfolgen: wie gelange ich von A nach B? Wie komme ich eigentlich aus der absoluten Klarheit, vom Bewusstsein des inneren Feuers in diesen Sumpf, der die Realität des nächsten Augenblicks ausmacht? Da muss es ja jemand gegeben haben, der diese Brücke genommen hat, der diesen Weg zurückgelegt hat. Nehmen wir einmal an, das geschieht nicht zufällig, und dieser Geist verfolgt eine Absicht, indem er den Sumpf wählt? Was suchst du da? Weißt du eigentlich, was gut ist an Verwirrung? Man muss nichts klar sehen. Und man muss nicht im Feuer stehen. Bist du jemals einem Verwirrten begegnet, der im Feuer stand? Ich nicht.

F: Ich glaube, es ist die Weigerung, wirklich im Feuer zu stehen.

OM: Warum? Ist es gefährlich?

F: Jetzt kommt es mir grade total absurd vor, aber wenn der Moment da ist, ja, dann ist da so große Angst, dass ich einen Schritt zur Seite trete.

OM: Geh den Weg des Feuers!

F: Danke.

ॐ

Vor - Urteil

F: Könntest Du etwas sagen zu Deiner Lehre und zu dem Weg mit Dir im Unterschied zum Diamond Approach der Almaas Schule? Ich komme mit manchen Dingen sehr durcheinander, eben unter anderem mit dem, was du gerade gesagt hast über die Hindernisse. Nämlich dass das Ich sich die Hindernisse sozusagen selbst in den Weg legt und erkennen muss, wie es das macht, um sie aus dem Weg zu räumen. Und ich verstehe dazu z.B. den Diamond Approach ganz anders. Dort wird gesagt, dass wir Kompromisse machen mussten, sich dadurch innere Löcher gebildet haben und wir uns verloren haben. Darin liegt für mich eher eine Unschuld, und in deiner Lehre geht es um Verantwortung. Das ist der eine Punkt, an dem ich durcheinander komme.

OM: Du stellst hier zwei unterschiedliche Perspektiven gegenüber: Die eines Kindes und die eines Erwachsenen. Dieser Geist lässt sich grundsätzlich aus diesen beiden Perspektiven betrachten, aus der Perspektive des Kindes scheint es Opfer des Geschehens zu sein. Diese Perspektive kann vorübergehend heilsam sein, um Mitgefühl mit mir selbst zu fördern, doch ist sie am Ende unwahrhaftig. Nur Täter sind erkenntnisfähig. Und dieses Kind kann – in dem Bewusstsein, in dem es ist – eine Täterperspektive nicht vollständig annehmen. Nimmt der Erwachsene eine Sichtweise der Gegenwart, eine Perspektive dieses Augenblicks an, dann ist sie ja ganz offensichtlich erwachsen, denn das verlorene Kind ist ein Konstrukt der Vergangenheit. Die Vorstellung, dass in Wirklichkeit überhaupt etwas in der Vergangenheit gegründet ist, die könnte man in Frage stellen. Es ist eine Annahme deines Geistes.
Es gibt einen bestimmten Rahmen, einen Horizont, innerhalb dessen wir arbeiten können. Dieser Rahmen könnte die Grundannahme enthalten, dass dein Leiden in der Vergangenheit, in der Kindheit entstanden ist, und dass es so etwas wie kindliche Traumata tatsächlich gibt. Aber es handelt sich um einen begrenzten Rahmen, den wir vorübergehend gesetzt haben, um dem Geist des Schülers zu kleinen Einsichten und begrenzten Heilprozessen zu verhelfen.
Aber es ist nur ein Rahmen, eine Hilfskonstruktion, er ist letztlich willkürlich und er beschreibt nicht die Wirklichkeit. Und wenn ich diesen Rahmen zerstöre, dann sage ich dir: Das, was jetzt in dir ist, das ist gar nicht in der Vergangenheit entstanden, das behauptest du nur. Das entsteht gerade jetzt.

Nein, es entsteht nicht einmal, du machst es jetzt gerade. Und dann sagst du: Ja, ich wiederhole es. Und dann antworte ich: Das ändert nichts daran, dass du es jetzt tust. Nur weil du das 123.528mal bereits wiederholt hast, heißt das nicht, dass du es nicht in diesem Augenblick tust. Die Perspektive des Kindes der Vergangenheit mag Trost spenden, mag uns ein gewisses Verständnis geben, aber es ist nur eine vorübergehende. Die entscheidende Perspektive ist die dieses Augenblicks, und nicht die einer angenommenen Vergangenheit.

F: Ich muss das erst einmal verdauen.

OM: Also, Verdauung ist auch nicht vollständig jetzt/hier.

F: Du meinst, es ist auch eine Bewegung des Geistes in die Vergangenheit?

OM: Ja, es ist eine aus der Vergangenheit stammende Bewegung, welche in die Zukunft führt.

F: Meine zweite Frage ist: Bei Dir geht es immer sehr um das Erkennen, das Erkennen von unserem Geist. Und so wie ich den Diamond Approach verstehe, geht es eher darum, loszulassen oder es geschehen zu lassen, so dass ich in dieses Loch falle, und in diesem Fallen erkenne ich. Aber das ist ein anderes Erkennen. Vielleicht missverstehe ich da auch etwas? Ich weiß dann auch nicht, wie Erkennen passiert. Dann denke ich manchmal, das eine ist sehr geistig, und das andere ist mehr vom Herzen. Und dann frage ich mich, was ist für mich richtig?

OM: Setze dich doch einen Moment in Stille. Lass uns über den geistig offenen Zustand des Nichtverstehens sprechen. Ich habe Verständnis für Verwirrung. Aber ich möchte dir empfehlen, dass du einfach mit den vorschnellen Resultaten – also Urteilen, die zu Resultaten führen in deinem Geist – dass du damit achtsamer bist. Verwirrt zu sein in einem Zustand von Unwissenheit oder Nichtverstehen ist verständlich und nachvollziehbar, und an sich nicht das Hindernis. Doch die Menschen, die im Geist leben, neigen dazu, einem begrenzten Urteilsvermögen Raum zu geben, bevor sie verstehen. Eigentlich müsste ja das Urteil aus dem Verstehen kommen und nicht das Verstehen aus dem Urteil. So wäre die rechte Vorgehensweise. Das ist eine schwerwiegende Umkehrung im Geiste der Menschen, und die deutsche Sprache nennt das durchaus treffend einfach Vor-Urteil. Dabei sind wir uns der Dimension von Vor-Urteilen nicht vollständig bewusst. Was ist das in der Tiefe? Ein Geist in uns gelangt zu einem Urteil und schließt einen Erkenntnisprozess, bevor er in wahrem Verstehen vollständig gegründet ist.

Eigentlich können wir uns gar kein Urteil erlauben, nur weil wir etwas nicht verstehen. Es ist uns nicht gelehrt worden, welcher Wert in diesem Zustand des Nichtverstehens liegt. Das ist eine ganz wesentliche Thematik des Weisheitsweges: zu sehen, dass wir eigentlich für Nichtverstehen immer bestraft worden sind, dass wir für dumm gehalten worden sind und dass der Geist entsprechend alles daran setzt, um diesen Zustand des Nichtverstehens möglichst schnell zu beenden. Um das zu tun, kommt er zu Urteilen und behauptet dann, der Zustand sei abgeschlossen. Aber eigentlich ist er das gar nicht, er ist nicht beendet, vielmehr hat sich der Geist vorübergehend verschlossen, er kann und will nichts mehr aufnehmen. Der Erkenntnisprozess ist nicht mehr offen, sondern hat sich jetzt geschlossen durch ein Urteil, ein Vor-Urteil. Das heißt, wir haben ihn vorzeitig geschlossen, bevor der Prozess sich durch wahres Verstehen von selbst geschlossen hat. Kurz gesagt: Es ist in Wirklichkeit überhaupt keine Erkenntnis geschehen. Was soll denn ein Urteil für einen Wert haben, das nicht auf Erkennen beruht? Das ist etwas, das uns leider häufig geschieht, es ist ein ernst zu nehmendes Hindernis im Erkenntnisprozess, einer der großen kognitiven Defekte, die dafür verantwortlich sind, dass das spirituelle Bewusstsein des *no-mind* sich nicht entfalten kann: Die Schließung des Geistes durch Vor-Urteile, bevor der Prozess durch die Gründung in wahres Verstehen von selbst geschlossen wird.

F: Ich frage mich, was am Nichtverstehen so gefährlich ist.

OM: Wir können es kaum aushalten, nicht zu verstehen. Wir halten es nicht aus in einem Zustand, in dem wir uns nirgendwo festhalten können, ein unsicherer, ein haltloser Zustand. Wir wollen schließen, wir wollen den Sack zumachen. Wir suchen nach Stabilität, nach Sicherheit – und genau für diese Umkehrung werden die Menschen des inneren Weges geöffnet: Sich dort aufzuhalten, wo sie es nicht aushielten. Ein unsicherer Ort wird zu einem sicheren Ort und umgekehrt. Die Arten und Weisen, wie das unpersönliche Herz lehrt, sind sehr unterschiedlich. Und es ist nicht empfehlenswert, sich an eigenen Bildern festzuhalten. Es empfiehlt sich vielmehr, im Nichtverstehen zu fallen, ohne zu wissen, wo es hinfällt – in jedem Fall in wahres Verstehen.

ॐ

Wille

Unwille – die Umkehrung des Willens

OM: Du schreibst in deinem Brief: Faulheit ist in Wahrheit ein Zustand des Unwillens. Du würdest es zwar nicht mit dem Verstand begreifen, aber dein Bauch sagt: Ja, so ist es.

Ja, Faulheit ist ein Zustand des umgekehrten Willens. Und wie wir wissen, hat der Wille sehr viel Kraft. Was er will, das erreicht er auch. Und was er nicht will, das auch. Der Unwille, die Umkehrung des Willens, ist eigentlich nichts anderes, als der Versuch, die falsche Seligkeit des Schlafes im Bewusstsein wiederzuerlangen. Die Faulheit hat ein geradezu göttliches Versprechen in sich. Das Versprechen ist: Schlafe wieder ein und du wirst die Seligkeit wiedererlangen, die du verloren hast. Um im Wachzustand zu schlafen, müssen wir den Willen umkehren. So wird aus dem Willen ein Unwille, und aus dem Unwillen wird eine Kraft, die sich schlussendlich selbst aufhebt. Ein Wille, der gegen sich selbst gerichtet ist, ist keine Kraft mehr, die wirkt. Es ist ein schlafender Elefant. Die Größe, die Kraft, die Macht legt sich hin und schläft ein. Die grundlegende Verwechslung der Menschen zwischen Schlaf und Glückseligkeit – sie ist fatal, denn sie hat dramatische Folgen. Menschen, die sich auf die Suche machen – kaum haben sie die ersten Hindernisse überwunden, haben sie die ersten Blumen am Wegesrand gefunden, den ersten Atem einer unendlichen Weite für einen Augenblick in Meditation gespürt, die Glückseligkeit, das Einssein mit allem in Liebe für einen Augenblick gekostet – schon setzt ein unwiderstehliches Verlangen ein, sich damit wieder hinzulegen und es erst einmal zu genießen. Diese Faulheit ist im Kern kein äußeres Phänomen, keine Passivität auf der Ebene des Handelns. Diese Faulheit ist eine geistige, eine geistig-spirituelle Faulheit, die uns dazu verleitet – kaum haben wir die ersten Früchte des Weges geerntet – uns erst einmal wieder hinzulegen und auszuruhen. Und diese Ruhe und dieser Schlaf werden tatsächlich mit Glückseligkeit verwechselt, eine Verwechslung, welche sehr frühen, vorrationalen Entwicklungsstufen geschuldet ist, denn das Bewusstsein des Menschen entfaltet sich aus einem schlafenden Einheitszustand, der jedoch noch physisches Bewusstsein ist. Kurz gesagt: Alle Menschen kommen aus dem Schlaf.

Es geht für dich um das Betreten eines inneren Weges, der niemals zu Ende ist. Was zu Ende ist, das ist die Verwechslung zwischen der Suche und dem Gehen des Weges. Aber diejenigen, die ständig darauf aus sind, sich am Wegesrand niederzulegen und glauben, das hätte irgendetwas mit Frieden, mit Freiheit oder mit Glück zu tun, diejenigen haben nichts begriffen von dem Weg, vom Gehen des Weges ohne ein Ziel, vom Gehen des Weges ohne sich umzublicken, vom Gehen selbst. Es ist nicht das Gehen, welches anstrengend ist. Der Schlaf kann sehr viel anstrengender sein als das Gehen des Weges. Warum? Weil das Leben selbst den Weg geht, weil das Leben nicht stehen bleibt, weil es sich beständig ent-wickelt, und weil jedes Stehenbleiben und sich Niederlegen nichts anderes ist als ein Versuch des Ichs, sich in Widerstand gegen die Entwicklung, gegen die Evolution, sich gegen das Leben zu stellen. Dieser Gang des Lebens, er ist eingebettet in die Ewigkeit, in das, was sich nicht bewegt und was auch nicht bewegungslos ist. Wenn der Lehrer einem Schüler sagt: „Halte an!", dann bedeutet das nicht, dass das Leben anhält. Es bedeutet, dass der Geist anhält. Und wenn der Geist anhält, dann ist die Suche vorbei, aber nicht das Leben und auch nicht der Gang des Lebens. Diese Einsicht in die tiefgreifende Verwechslung zwischen Schlaf und Glückseligkeit ist von großer Bedeutung für innere Menschen. Der Sog in den Schlaf ist auch der Versuch, das Leiden und die Getriebenheit des Geistes zu betäuben, abzustumpfen. Diesen vorübergehenden, erleichternden Schlaf bezeichnen deshalb viele Menschen als einen Zustand voller Wonne, ja sie halten es für die Glückseligkeit selbst. Die wahre Glückseligkeit ist die Transzendenz des schlafenden Bewusstseins, weder das Verharren darin, noch die Rückkehr dorthin. Das Leben sagt zu dir: Geh! Und du gehst. Du hast nicht die Wahl, dich faul hinzulegen, oder zu gehen. Du hast nicht die Wahl. Das ist der Wille Gottes. Es ist weder dein Wille, noch ist es dein Unwille. Es ist der Wille Gottes.

ॐ

Der Staat ‚Nein'

F: Ich spüre in mir so einen Schmerz über die Verweigerung Gott und dem Leben gegenüber. Sie nimmt alles ein, mein ganzes Leben.

OM: Das heißt, du lebst von diesem Nein?

F: Das Nein taucht sehr schnell auf. Es dauert manchmal einen Tag oder zwei Tage, bis es sich dann spürbar auflöst, aber in der

Zeit, in den zwei Tagen, ist schon vieles geschehen …

OM: Du bist der Frage ausgewichen.

F: Kannst du sie bitte wiederholen? Ich hab sie nicht genau …

OM: Siehst du, während wir uns darüber unterhalten, wirkt es. Das heißt, eigentlich beantwortest du meine Frage schon mit Nein, indem du ausweichst. Meine Frage war gewesen: Lebst du von diesem Nein? Ist das dein Lebenselixier? Beziehst du daraus Identität und Lebenskraft?

F: Ja, in dem Nein bin ich.

OM: Im **Nein** bin ich, im **Ja** bin ich nicht. Das ist die grundlegende Lebensweisheit deines Ichs. So begegnest du dem Sein, so begegnest du mir, so begegnest du dem Leben. Und weißt du, was das Erstaunliche an dieser Lebensweisheit deines Ichs ist? In gewisser Weise hat dieses Ich auch noch Recht. Das, was sich hier so einfach anhört, ist tatsächlich so etwas wie die philosophische Grundlage des Ichs im Menschen. Das erste Wort, der erste Gedanke, die erste Haltung, alles in diesem einen kleinen Wort ‚Nein'. Es gibt dazu umfassende entwicklungspsychologische Beschreibungen, auf die wir jetzt nicht näher eingehen müssen. Die psychologisch Geschulten unter uns, die Therapeuten, die hier sitzen, wissen und kennen sie alle. Aber es gibt auch eine umfassendere Betrachtungsweise des ‚Nein' als das erste Wort, das den Menschen aus der Einheit fallen ließ. Fortan lebte er darin, gründete einen eigenen Ich-Staat außerhalb des Paradieses, behauptete und verteidigte von nun an diesen Staat. Und in dieser

Behauptung lebst du immer noch. Jetzt musst du dir die Wahrheit darüber sagen, welche Konsequenzen das hat, und was das mit dir macht, mit deinem Leben, mit deiner Welt, mit der Realität, in der du lebst. Es reicht nicht zu sagen, es taucht immer wieder auf.

F: Ich fühle mich da sehr einsam in dem Nein.

OM: Einsamkeit ist eine der Konsequenzen dieses Lebens in dieser Haltung. Wenn wir das sehen, dass das die Essenz unseres Lebens ist, dass dieses erste Wort, diese erste Haltung, dass das unsere erste Aussage gegenüber Gott war, und dass wir während dieser Aussage den Zeigefinger innerlich erhoben haben, dann sollten wir zu diesem ersten Augenblick zurückkehren und ihn in fühlender Anwesenheit erleben. Es ist der Augenblick, aus dem heraus sich unser inneres Universum erhebt. Und wenn wir sodann fühlend mit uns sind, in offenem Herzen anwesend mit uns selbst, dann ist es gut, wenn wir spüren, was das mit uns macht, um in Mitgefühl mit uns selbst zu fragen: Will ich das? Ist das mein wahrer Wille?

ॐ

Der göttliche Wille: das Herz des freien Willens

OM: Ich lese euch einen kleinen Auszug aus einem Brief, den ich bekommen habe: „Gottes Wille geschieht, das habe ich verstanden, obwohl es schwierig ist, Gottes Willen in der scheinbaren Willkür von Verbrechern und Kriegstreibern zu erblicken. Wenn jedoch Gottes Wille geschieht, im Guten wie im Bösen, dann geschieht auch meine Befreiung oder mein Fall nach göttlichen Gesetzen. Kann ich denn also nichts tun? Aber ich will Innere Arbeit tun. Wer ist es, der das will?"

Du kannst den freien Willen als einen inneren konzentrischen Kreis in Gottes Willen betrachten. Gottes Willen beinhaltet den freien Willen des Menschen, er duldet seine Verirrung, duldet seine Illusion, die notwendig ist, um bei vollem Bewusstsein das wiederzuentdecken, was der freie Wille wirklich ist. Der freie Wille ist lediglich ein Konzept, mit dem wir arbeiten können, welches uns vorübergehend dienlich ist, so wie alles, über das wir hier sprechen, ein Konzept sein kann, das uns vorübergehend dienlich ist, das uns die Erfahrung von Vertiefung beschert und Nahrung für die Seele spendet. Nun ist, wenn wir den freien Willen näher betrachten, der Wille ja gar nicht so frei, wie er gerne wäre, und tatsächlich stellt sich bei näherer Sicht dessen, was die Menschen glauben, was ihr freier Wille ist, heraus, dass sie fast ausschließlich von Kräften aus der Unterwelt des Bewusstseins beherrscht werden, aus unbewussten und verleugneten Motiven für ihre Handlung, für ihr Fühlen, für ihr Denken. Mit anderen Worten: Tatsächlich sind sie programmiert wie eine Maschine, die einem bestimmten Programm folgt, welches in sie einprogrammiert wurde. Um das Programm zu durchbrechen und überhaupt zu einem wirklich freien Willen zu gelangen, braucht es eine Bewusstheit über die Motive deiner Handlungen. Ein Mensch, der tagein, tagaus durch unbewusste Motive geleitet wird, was hat er für einen freien Willen? Da ist gar nichts frei. Der freie Wille, das Konzept des freien Willens ist, wenn wir es wörtlich nehmen, die Beschreibung einer nicht konditionierten, spontan wirkenden Willenskraft in Denken,

Fühlen, Handeln, sowie die Umschreibung einer inneren Situation des bewussten Menschen, wo er Herr in seinem eigenen Haus ist, wo er nicht mehr beherrscht wird von seinem eigenen Unterbewusstsein. Da es jedoch kaum Menschen gibt, die ohne Unterbewusstsein sind, ist der freie Wille entsprechend selten anzutreffen. So betrachtet ist der wahrhaft freie Wille des Menschen auch sein wahrer Wille.

F: Könnte man dann sagen, dass der freie Wille, so wie Du ihn jetzt beschreibst, in die spirituelle Dimension des SEINS führt?

OM: Ja, wenn der Mensch an diesem Punkt angelangt ist, ist das Motiv seiner spirituellen Suche bewusst und damit wahrhaftig. In dem Augenblick können wir sagen, dein Wille ist frei und damit folgst du zum ersten Mal deinem wahren Willen. Was will denn ein freier Wille? Er will natürlich die Freiheit, deswegen heißt er ja freier Wille. Aber wenn du siehst, wie viele Menschen wirklich Freiheit wollen, dann sind das sehr wenige. In dem Augenblick, wo der Wille frei ist von dieser Beherrschung von Kräften, über die du dir nicht die Wahrheit gesagt hast, bist du bereit und in der Lage, diese Spaltung zwischen dem freien Willen und dem göttlichen Willen aufzugeben, erst in dem Augenblick. Diese Zweiheit des freien Willens des Menschen und des göttlichen Willens existiert nicht wirklich. ‚Mein Wille ist Dein Wille', heißt es, und das kann erkannt werden in dem Augenblick, wo mein scheinbar persönlicher Wille wirklich frei ist, das zu wollen, was er wirklich will. Das ist ein Moment, in dem dieser persönliche Wille in das strebt, was wir Gottes Wille nennen, denn die Wahrheit des persönlichen freien Willens kann nicht sein, dass er etwas anderes will, als Gottes Wille. Dass Menschen etwas anderes wollen als Gottes Wille, hat nur damit zu tun, dass sie vergessen haben, was sie wirklich wollen, dass sie in dieser Vergessenheit leben, in der Vergessenheit ihrer selbst, und einfach nicht mehr wissen, was sie wirklich wollen. Nur daraus entsteht die Idee einer Verschiedenheit, einer Andersheit zum göttlichen Willen. Der göttliche Wille ist das Herz des freien Willens des Menschen, und er ist ein Ausdruck dieses Lebens und der Inneren Arbeit in dieser menschlichen Inkarnation. Es ist ein Ausdruck des göttlichen Willens, dass Gott dieses Menschsein dazu benutzt, um sich selbst zu verschleiern und wieder zu entschleiern. Dieses Leben, nicht des gewöhnlichen Menschen, sondern des inneren Menschen, ist eine bewusste Entschleierung Gottes, so dass ich letztlich sagen kann, dass sich jede innerlich erfahrene Dualität von freiem Willen und göttlichem Willen auflöst. Was bleibt, ist EIN Wille.

ॐ

Mein Wille geschieht

F: Ich möchte eine Frage stellen, die mir immer wieder drängend kommt. Hat die Selbsterforschung überhaupt einen Sinn bei mir? Ist diese Ich-Struktur nicht zu stark, zu fest? Wie gehe ich mit diesem Zweifel um?

OM: Diese Fragestellung an sich deutet bereits auf tieferliegende Missverständnisse deinerseits hin. Wenn du fragst, ob es überhaupt einen Sinn hat, dann müsste ich zurück fragen: Was ist es denn, was du wirklich willst? Und dann antwortest du wahrscheinlich, natürlich Selbstbefreiung. Dann weise ich aber auf das eigentliche Dilemma hin, dass in deiner Fragestellung deutlich wird, nämlich dass dir der Wille offensichtlich nicht zur Verfügung steht. Mit anderen Worten gesagt, du glaubst gar nicht daran, dass das geschieht, was du wirklich willst. Du selbst hast eine Haltung angenommen, die genau dem entspricht, was du mir von deiner Mutter erzählt hast. Im Krieg seid ihr geflüchtet, und dann fühlte sie sich fehl am Platze, überflüssig, als eine Bettlerin des Lebens, die von Glück reden kann, wenn ihr das Leben gnädig gestimmt ist, oder eben Pech haben kann, wenn das Leben ihr gegenüber ungnädig ist. Das ist eine tief fatalistische Grundhaltung, die nicht anerkennt, dass dein Wille geschieht. Selbst der falsche Wille geschieht. Es ist entsprechend deinem Willen (wessen Wille auch immer), wonach sich dein Leben erschafft, wonach sich deine Realität erzeugt.

Wenn ich dich also frage: „Was ist es denn, was du wirklich willst?", dann verstehst du mich nicht wirklich, weil du tief im Innen daran glaubst, dass das, was du willst, sowieso niemanden interessiert, das Leben sich dafür nicht interessiert und du auch gar nicht wirklich das Recht hast zu bekommen, was du willst. Doch ist das wirklich wahr? Und so wie dir geht es vielen Menschen auf der spirituellen Suche. Du, der ungläubige Thomas, glaubst nicht daran, dass du auserwählt sein könntest, um glücklich zu sein. Du machst es dir vielleicht intellektuell mit bestimmten spirituellen Konzepten immer wieder schmackhaft, aber es gibt einen tieferliegenden Ort, wo du eigentlich nicht daran glaubst. Und diesem tiefen Unglauben kannst du nicht mit intellektuellem Positivismus begegnen, sondern es ist der tiefe, in deinem Herzen ruhende Glaube, den du wiederfinden musst. Er ist in deinem Herzen, du musst dich ihm nur zuwenden. Darin erkennst du früher oder später, dass weder Gott noch der Teufel gegen deinen Willen agieren. Mit anderen Worten, dass nichts gegen deinen Willen geschieht. Im Angesicht dieser Erkenntnis löst sich das Rätsel: Das Leiden der Menschheit ist ein freiwilliges, ein selbst gewähltes und selbst auferlegtes Leiden, für das niemand außerhalb meiner selbst die Verantwortung trägt. Aus dieser Perspektive stellst du deine Anfangsfrage erneut: Macht es Sinn? Und ich meine, die Antwort zu kennen: Ja, es macht Sinn.

ॐ

Zerstörung

Zerstörungskraft – Ist Zorn böse?

F: Was ist der Jähzorn? Ist das auch eine Form des Widerstands? Des ‚Nicht-haben-Wollens, was ist'?

OM: Was interessiert dich an dieser Kraft?

F: Ich kenne sie von mir selber und erlebe sie auch immer wieder im Außen, und ich habe das Gefühl, dass ich damit nicht umgehen kann. Ich empfinde sie als eine zerstörerische Kraft, die mich irgendwie mitreißt, und im Nachhinein empfinde ich dann immer Scham über das, was ich gesagt oder getan habe.

OM: Ich denke, dass dies eine Kraft ist, die bei den meisten Menschen desintegriert ist. Das liegt natürlich an der Natur dieser Kraft, und du hast es ja schon selbst ausgesprochen, dass die Natur dieser Kraft zerstörerisch ist. Und die Zerstörung ist in jedem Fall der Aspekt göttlicher Kraft, der vom Ich verneint wird, vor dem das Ich zurückscheut, denn Zerstörung ist Tod, und Tod ist das Ende des Ichs, scheinbar das Ende des Lebens. Das Wesen des inneren Weges ist eine Integration von Leben und Tod. Wiederum ein Paradoxon: In diesem Augenblick sowohl im Leben, als auch im Tod zu sein, ist das möglich? Es ist möglich, indem die Bewusstheit die gleichzeitige Anwesenheit gegensätzlicher Kräfte bezeugt; die Kraft der Zerstörung und die Kraft der Erschaffung. Die Voraussetzung ist die innere Erlaubnis zur Anwesenheit dieser gegensätzlichen Kräfte. Sie sind es ohnehin, nur, indem du ihnen die Erlaubnis gibst, machst du einen tiefen Schritt in dich selbst und in den Frieden mit dir selbst. Du kannst am Ende diese Kräfte weder erlauben noch verbieten, denn sie sind sowieso. Die Kraft des Lebens, das vollständige schöpferische Potenzial, genauso wie die Kraft des Todes, das vollständige zerstörerische Potenzial, sind in diesem Augenblick anwesend. Doch das Ich und die Sicht des Ich-Geistes will diese Unvereinbarkeit nicht nehmen. Und so will es auch einen inneren Weg oder das Aufwachen in Liebe verstehen: ausschließlich als eine Hinwendung zu einem schöpferischen Potenzial. Was wir nicht verstehen, ist, dass Liebe nicht nur schöpferisch ist, sondern ebenso zerstörerisch. LIEBE ist jenseits von Zorn oder Sanftmut und all diesen Begrifflichkeiten, die positiv und negativ auseinanderhalten wollen, sie in Wirklichkeit jedoch erst erzeugen.

Natürlich, wenn diese Kraft, die im Jähzorn liegt, von den Vorstellungen des Ichs in Beschlag genommen wird, dann kommt es in Folge zu Verletzung, Missbrauch, Gewalt. Und gewöhnlich ist das, was wir als Jähzorn bezeichnen, eben das: Eine reine Zorneskraft, untrennbar vermischt mit geistigen, und damit missbräuchlichen Vorstellungen des denkenden Geistes, so dass dieses giftige, geistig-emotionale Gebräu entsteht. Jähzorn ist also kein reines Gefühl. Wenn wir das im Außen erleben, dann nehmen wir das zum Anlass, um umso mehr auch innerlich vor dieser Kraft zurückzuschrecken, anstatt es zum Anlass zu nehmen, wie mit jeder Kraft, zur Quelle vorzudringen in die eigentliche, unpersönliche Natur dieser Kraft, und jedes Konzept von Missbrauch, jedes Konzept von Verletzung zurückzulassen, ...

F: Du sagst, Liebe kann auch als Zorn in Erscheinung treten, habe ich das richtig verstanden?

OM: ... so dass es deine Aufgabe ist, einen Jähzorn, der vom Geiste stammt, von einem Zorn zu unterscheiden, welcher der LIEBE selbst entspringt. Diese Kraft ist in Wirklichkeit in das, was LIEBE wirklich ist, integriert, aber die meisten Menschen können oder wollen das nicht sehen. Sie verweilen in der von ihrer geistigen Blase verursachten Trennung zwischen dem, was sie glauben, was Liebe ist, und der Zorneskraft, die außen vor bleiben muss, weil sie scheinbar den Tod der Liebe herbeiführt. Du hast die Möglichkeit, etwas ganz Neues zu entdecken, wenn du bereit bist, diese künstliche Trennung deines Geistes aufzugeben.

Diese grundlegende Fehldeutung, die ich skizziert habe als die Nicht-Integrationsfähigkeit der Zorneskraft in die Liebe, die führt bei Nachlassen der Selbstbetäubung häufig zu einer unerträglichen inneren Spannung in den Menschen, und auf dem inneren Weg potenziell zu zunehmender Scheinheiligkeit. Wenn wir das auf dem inneren Weg überaus bedeutende Phänomen der Scheinheiligkeit[43] näher verstehen wollen, dann ist die Spur eine begrenzte und zugleich überhöhte Vorstellung von Liebe, die viel mehr an ihrem eitlen Schein interessiert ist, als an dem, was LIEBE wirklich ist.

Diese scheinheilige Trennung von Zorn und Liebe ist auch eine Ausflucht vor dieser Kraft, die höchst beängstigend ist für jedes Ich, das ein Interesse daran hat, seine alte Welt zu bewahren und keineswegs dem Unbekannten mit offenen Armen entgegenrennt. Die Perspektive des Erwachensweges ist jedoch die, das genau diese Kraft, und nur diese Kraft, jenes zerstörerische Potenzial in sich trägt, das wir alle auf diesem Weg zutiefst benötigen. Nicht um schwertfuchtelnd oder mit rauchenden Colts in der Welt herumzulaufen und Kriege zu führen, sondern damit in uns selbst das zerstört werden kann, was zerstört werden muss. Es gibt kein Erwachen ohne Zerstörung. Es gibt kein wahres Leben ohne Zerstörung der alten Burg.

Sich dieser Kraft also wirklich anzunähern, um die es hier geht, bedeutet, du kommst in Kontakt mit tiefen Überlebensängsten, mit existentieller Angst vor Zerstörung, vor Vernichtung. Ein normaler Mensch, der sein eingeschlafenes Leben in seiner Sinneswelt lebt, wird ein Leben lang nie an diesen Punkt kommen. Er arrangiert sein halbwegs selbstzufriedenes Leben so, dass er mit dieser Kraft gar nicht in Berührung kommt. Muss er ja auch nicht. Es ist gar nicht notwendig, mit existentiell bedrohlichen Kräften Kontakt aufzunehmen. Das ist erst in dem Moment notwendig, wo ein Mensch in sich zutiefst den Wunsch nach Freiheit von Leben und Tod, Freiheit vom Eingesperrtsein in Vergänglichkeit wahrnimmt. Ein normaler Mensch spürt diesen Wunsch nicht, geht in den Tod, und erkennt die Möglichkeit, die Dimension der *Befreiung* nicht. Bestrebungen der Transhumanismus-Bewegung, die sich mit Hilfe technischer Errungenschaften unsterblich machen will, sind der Neueste einer nicht endenden Kette ignoranter Versuche des Ichs, dem Tod zu entkommen, ohne ihm jemals ins Auge geschaut zu haben. Einer der führenden Köpfe dieser Bewegung, der ehemalige Chefingenieur von Google, Ray Kurzweil, wirft jeden Tag „150 Pillen ein, Vitamine, Mineralien, Enzyme, und spritzt sich dubiose Zusatzstoffe. Sein Ziel ist es, lange genug durchzuhalten, bis die Technologie so weit ist, das menschliche Leben zu verlängern. Er ist überzeugt: Die Zeiten sind nicht mehr fern.“ [44]

Wenn du diese Dimension erkennst und die Möglichkeit dieses Augenblicks, in dem ich zu dir spreche, dann begegne dieser Kraft mit neuen Augen, ganz anders, als du sie bisher betrachtet hast. Sieh das Wesen dieser Kraft, sieh, was diese Kraft, die du Jähzorn nennst, wirklich in dir will. Wenn es eine Kraft Gottes ist, an der Quelle, wozu dient sie dir? Kann sie deinem Wunsch nach Freiheit dienlich sein? Wenn du sie so als göttliche Kraft erkennen kannst, dann sinkt dein Bewusstsein langsam in diese Kraft hinein und der Überlebensautomatismus lässt nach. Sie beginnt langsam für dich zu arbeiten und nicht mehr gegen dich. Aber du darfst keine Angst haben vor ihren Ausbrüchen, vor ihrer Intensität, vor ihrer Gewalt, genau so wenig wie vor ihrer Sanftheit.

F: Um zur Quellenkraft vorzudringen, wie Du sagst, muss ein ganzes Wertesystem gesprengt werden.

OM: Für diese Sprengung ist der Zorn gut! Die etwas einfältige Betrachtungsweise der meisten Menschen ist: diese Kraft ist einfach böse, und weil sie böse ist, gehört sie hier nicht her. In ihren bewussten Gedanken kommt der Begriff ‚böse' gar nicht vor, es handelt sich um einen Begriff, der tief ins kollektive Unbewusste abgesunken ist und aus vorrationaler Religion stammt. Was seine Wirkung nicht schmälert, im Gegenteil. Tatsächlich ist es so, dass es in einem normalen Menschen viele Kräfte gibt, die sein Glaubenssystem für böse hält. Diese Kräfte sind in sein Unterbewusstsein abgetaucht und treten nur unter bestimmten Bedingungen überhaupt in Erscheinung. Sie sind nicht bewusst anwesend, aber trotzdem nicht weg. Wie können wir diese Kräfte, die wir selbst für böse halten, für die wir uns immer wieder schuldig fühlen, wie können wir mit diesen Kräften umgehen? Wie können wir sie einladen, anstatt sie auszugrenzen? Nur indem wir bereit sind, Missverständnisse, beschränkte Deutungen in unserer Haltung diesen Kräften gegenüber in Frage zu stellen und eine neue, offene Sichtweise anzunehmen, bereit für etwas gänzlich Neues. Und plötzlich sehen wir, dass es gar nicht diese Kräfte selbst sind, die ihrem Wesen nach böse sind. Das Böse ist nie in den Kräften selbst. Es ist der denkende Geist, welcher die Kräfte besetzt und ein geistiges Zerrbild dieser Kräfte entstehen lässt, welches dann tatsächlich destruktiv gegen das Selbst wirkt. Ist der Zorn erst einmal von diesem Zerrbild befreit, ist er nicht mehr böse, sondern ein Ausdruck von Naturgewalt, die zwar immer noch jäh auftreten kann, aber von gänzlich anderer Wirkung ist, als der von dir geschilderte egoische Jähzorn.

F: Ja, ich habe irgendwie auch diese Kraft schätzen gelernt. Aber mir fällt es sehr schwer, in dieser Intensität achtsam zu bleiben und sie nicht auszuagieren.

OM: Ja, weil du von dieser Kraft noch lernen musst, und ‚Zorn macht blind', das wissen wir. Warum tendieren Menschen dazu, durch Zorn zu erblinden? Er macht blind, weil es eine Kraft ist, die das Körper-Geist-System auf eine Weise unter Feuer setzt, die uns unbewusst werden lässt, die uns körperlich werden lässt und die das Bewusstsein in die Materie, in die Körperlichkeit zurückführt. Wenn Bewusstsein in die Körperlichkeit zurückfällt, ist das ein Prozess, in dem Bewusstsein sich verengt und damit verloren geht. Und wenn du bereit bist, eben mit dieser Kraft anwesend zu sein, sie auf feine Weise innerlich wahrzunehmen, anstatt blind in den Zwang des körperlichen Ausagierens einzutauchen, dann wird sie beginnen, in deinem System aufzusteigen, und sie wird das Herzzentrum erreichen. Es ist, wie ich bereits in anderen Worten sagte, nicht das Wesen der Kraft des Zornes, das blind macht. Es gibt keine Kraft im Universum, die ihrem Wesen nach Menschen erblinden lässt. Auch das ist ausschließlich deine Haltung, deine Unwissenheit im Umgang mit dieser Kraft, die dich erblinden lässt. Lerne von ihr, lerne Bewusstheit von ihr, erlaube ihr zu wirken, ohne selbst einzugreifen. Dann wirst du sehen, dass Zorn und Liebe eins sind.

ॐ

Die Zerstörungskraft bedroht den Gutmenschen

F: Ich wollte Dich bitten, noch einmal etwas zu diesem ‚Kaputtmacher' zu sagen. Was es genau bedeutet, dass ich als Kind nichts kaputt machen durfte und es deswegen jetzt versuche.

OM: Die Kosmologie des Enneagramms unterscheidet drei Urkräfte[45], wie sie den Kosmos konstituieren, und wie sie auch im menschlichen Geiste wirken. Und es ist eine dieser drei Kräfte, von der man ohne Umschweife sagen kann, dass sie diejenige ist, mit der das unbedarfte Ich des Menschen allergrößte Schwierigkeiten hat. Es ist dies die Kraft der Zerstörung. Warum ist jene kosmische Kraft derartig bedrohlich für die Perspektive des Ichs im Menschen? Und warum gibt es kaum einen Menschen, der mit dieser Kraft einig ist? Es scheint so, als wenn diese Zerstörungskraft jene Kraft ist, die sich der Kontrolle und dem Versuch der Kontrolle dieses Ichs erheblich entzieht. Dennoch, wie wir wissen, versucht dieses Ich, alles unter Kontrolle zu bringen und macht vor nichts halt, nicht einmal vor dem Tod.

Nun hat der Versuch, diese Zerstörungskraft unter Kontrolle zu bringen, um ihrer Bedrohung zu entkommen, gewisse negative Folgen für die innere Welt (ebenso für die äußere Welt), es hat negative Folgen für die Kapazität dieses Menschen, sich überhaupt zu entwickeln, für sein Erkenntispotenzial. Es ist zudem eine Kraft, die für uns zunächst auf einem auf Fortschritt und Wachstum bedachten Weg gar keine Rolle zu spielen scheint, sie scheint vielmehr so etwas wie ein Feind auf diesem Entwicklungsweg zu sein. Denn sie will ja, wie der Name schon sagt, zerstören, nicht aufbauen, sie will kaputt machen, nicht heil machen. Wir verstehen nicht, dass es gerade diese Zerstörungskraft ist, die für jeden Sprung auf eine höhere Bewusstseinsstufe unersetzbar ist. Kein Transformationsprozess kommt ohne sie aus.

Doch eine Dualität spielt bereits im frühkindlichen Bewusstsein eine große Rolle: Kaputtmachen versus Heilmachen. Zwei Gegensätze, die auch in der weiteren Bewusstseinsentwicklung in keiner Weise zusammenzugehen scheinen. Wahr ist, dass sie auf den Entwicklungsstufen, auf denen sich mehr als 95 Prozent aller Menschen bewegen, nicht vereinbar sind, bis zur Entwicklungsstufe des rationalen Ichs. Hier ist das ‚perspektivische Denken' zuhause, das lineare Denken, welches diese Gegensätze auseinanderstreben lässt.[46]

In der Realität sind diese Kräfte sehr wohl vereinbar, sie existieren gemeinsam und bedingen einander: konstruktiv und destruktiv. Doch der lineare Ich-Geist hat die

Zerstörungskraft negativ besetzt, während er die aufbauende, schöpferische Kraft als allein verantwortlich für sein Leben hält: Wachstum, Erfolg und Größe. Bildung, Beziehungsaufbau, Kinder kriegen, Karriere, selbst die Entwicklung hin zu einem rechtschaffenen Menschen – welches unbedarfte Ich benötigt hier bewusste Kraft der Zerstörung? Das heißt, diese Kraft spielt im Wachstumsstreben des Ichs zunächst gar keine Rolle, erst auf dem inneren Weg (auf dem das Ich wieder schrumpft) kommt ihr die entscheidende Aufgabe zu. Und dennoch hat sie die ganze Zeit gewirkt. Und so sind es diejenigen braven, guten Menschen, die am wenigsten kaputt machen wollten, die dann irgendwann feststellen müssen, dass sie sehr viel kaputt machen, und dass es in ihnen geradezu einen unbewussten, kaum kontrollierbaren Drang gibt, kaputt zu machen. Das sind diejenigen, die dadurch auffallen, dass ihnen ständig kleinere Unpässlichkeiten, Missgeschicke bis hin zu Unfällen geschehen. Sie stoßen im Vorbeigehen etwas um, beim Staubwischen fällt das Bild runter, beim Sägen schneiden sie sich in den Finger, mit dem Fahrrad fahren sie gegen den Bordstein. Oberflächlich betrachtet scheint es sich lediglich um Unachtsamkeiten, oder um eine gewisse Tölpelhaftigkeit zu handeln, doch in Wirklichkeit klopft diese Kraft an und gibt dir zu verstehen: Ich bin da. Und wenn du dich auf einem inneren Weg befindest, dämmert es dir langsam, dass es sich um eine ausgeblendete Kraft handelt, die hier aus dem Unterbewusstsein heraus beginnt, destruktiv zu wirken.

Du musst beginnen, die Wahrheit zu sprechen über deine Beziehung zu dieser Kraft, und ob du einen neuen Weg betreten möchtest, der dich lehrt, diese Kraft vollkommen neu aufzunehmen, so dass sie ihre eigentliche Wirkung im Reigen der drei Urkräfte, welche Manifestation formen und wieder entformen, tun kann. Es ist die Wirkung, die ihr von Gott zugedacht ist. Und weil es so wenige Menschen gibt, die diese Kraft wirklich beherrschen, beherrscht diese Kraft sie auf unheilsame Weise. Je mehr sie sich von ihr entfernen wollen, desto mehr werden sie von ihr beherrscht.

Jetzt kannst du dir ausmalen, du kannst ahnen und zunehmend wissen, was es bedeuten könnte, wenn diese Kraft in dir wieder bewusst aufgenommen wird, so dass sie nicht mehr gegen das Gute, gegen das Leben, gegen die Seele kämpft, sondern dass sie in Diensten davon steht. Worum geht es hier? Es geht um eine Feuerkraft, ihre innere Rückkehr und die bewusste Verfügbarkeit. Es ist nicht das Wesen des Feuers, ausschließlich in sanfter Glut zu glimmen. In den lodernden Flammen kann es ungemütlich werden. Auch das müssen wir zu schätzen wissen, wenn wir diese Kraft kennen lernen wollen, denn das Feuer zerstört. Es ist nicht Aufgabe des Feuers, das Heilsame der Transformation nur durch Sanftmut unter die Menschen zu bringen.

Es ist die Aufgabe des Feuers, zu zerstören. Zu verbrennen, was verbrannt werden muss. Damit leben kann, was leben will. Es tut dies mal sanft und schonend, mal gewaltig und rücksichtslos. Und wer glaubt, einen Großteil seiner Lebenskraft dafür aufbringen zu müssen, sich dagegen zu schützen, weil er nicht versteht, was diese Kraft ist, der verschwendet seine Zeit. Es ist doch nur ein Hinauszögern der Begegnung mit sich selbst, dieser wirklich intensiven, radikalen Begegnung mit sich selbst. Jede Kraft braucht darin ihren Platz.

Anstatt in falscher Nettigkeit oder Scheinheiligkeit des guten Menschen diese Kraft auszublenden und gleichzeitig heimlich dem Kaputtmacher zu frönen, wäre es wesentlich fruchtbarer auf deinem Erkenntnisweg, diese

Kraft zu nehmen, dieses Feuer brennen zu lassen bis ins Herz, die Kontrolle über diese Kraft aufzugeben, denn das ist der Punkt – du vertraust ihr nicht ganz. Widersinniger Weise glaubst du, wenn du sie freilässt, dann macht sie alles kaputt, alles was dein Ich jemals mühsam aufgebaut, gepflegt, strukturiert und geordnet hat. Und in gewisser Weise ist das wahr, aber es ist nicht so, wie du denkst.
Es braucht also Mut und Vertrauen, dieser Kraft freien Lauf zu lassen. Es ist nicht identisch mit der unkontrollierten Erfahrung von rasendem Zorn, der blind ist. Der Geist, der misstrauisch ist, der Angst hat und sich zusammenzieht, neigt dazu, sich auf solche Erfahrungen der Erinnerung zu berufen: Jähzorn, Zerstörungswut, blinde Ausbrüche. Weil er die bewusste – nicht die blinde, die bewusste – Begegnung im Herzen mit dieser Kraft nicht wirklich kennt, weil er sich daraus entfremdet hat, der Kaputtmacher. Und das ist eben das Mysteriöse, das Erstaunliche, dass dieser Kaputtmacher jene Figur ist, die am wenigsten über die Zerstörungskraft weiß. Er muss deswegen so viel kaputt machen, weil er nichts darüber weiß. Und seine Perversion liegt jetzt darin, dass er das kaputt macht, was heil bleiben sollte, während er das heil lässt, was kaputt gehen muss – umfangreiches Missverständnis mit erheblichen Folgen.

F: Mir wird gerade sehr warm.

OM: Ja, erst wird dir warm, dann wird dir heiß, dann steigt die Hitze auf bis ins Herz und dann kommt diese Kraft.

ॐ

Zorn

In der Mitte von Zorn ist Liebe

F: Ich habe Angst vor meinem Zorn, es ist so viel davon da, und ich weiß nicht, was ich damit machen soll. Ich wünschte mir mehr Sanftmut und verurteile den Zorn eigentlich.

OM: Wenn du sagst, du hast Angst vor dem Zorn, dann ist das nur ein Ausdruck davon, dass du, anstatt in der Mitte, im innersten Kern von Zorn zu sein, dich in der Peripherie aufhältst. Die allermeisten Menschen halten sich irgendwo in der Peripherie auf, an Orten, die aus der Sicht der Befreiungslehre schlicht belanglos sind, und weil sie sich dort aufhalten, in den Geschichten, die sie sich tagtäglich erzählen, wissen sie um das Wesen der Dinge nicht. Wenn du das Wesen von Zorn kennen willst, musst du in das Innerste von Zorn vordringen und lernen, wie du dort verweilen kannst. Genau dort, wo es am heißesten ist. Ich nenne diese Mitte die *Glut des Zornes*. Und wenn du die Mitte von Zorn erforschst, dann entdeckst du, dass es nicht notwendig ist, irgendetwas zu tun. Hier und nur hier herrscht die absolute Bewusstheit des Zornes. An der Peripherie des SEINS, also auch an der Peripherie des Zornes herrscht die Täuschung, die zur Verurteilung verleitet. Was auch immer du erfährst, wenn du es verurteilst, hält es dich zwangsläufig in der Peripherie, bzw. treibt dich dorthin zurück. Das Vor-Urteil ist nicht in der Lage, das Wesen der Dinge zu erforschen, sondern nur deine Bereitschaft, direkt damit im Zentrum zu sein, mit dem zu sein, WAS IST. Wenn Zorn da ist, brauchst du

keine Vorstellung von Sanftmut, und wenn Sanftmut da ist, brauchst du keine Vorstellung von Zorn.
Es ist nicht der Zorn, der dir im Wege steht. Es sind die Geschichten darum herum. Wir haben dem Verstand erlaubt, sich des SEINS zu bemächtigen. Wir haben dem Verstand erlaubt, sich des Lebens zu bemächtigen, und so ist die Trennung entstanden. Ja, so entsteht sie in diesem Moment. Wenn du im Zentrum bist, dann gibt es kein Ich mehr, welches Zorn hat, es gibt nurmehr Bewusstsein und Zorn. Und wenn Bewusstsein und Zorn alles ist, was übrig ist für diesen Moment, dann existiert kein Problem, denn es gibt keinen Gedanken ‚Ich' mehr und entsprechend auch keine Geschichten, die aus diesem Gedanken entstehen. Dieser nackte Zorn, von dem alle Geschichten des Ichs abgestreift sind, ist nicht mehr <u>mein</u> Zorn, alle polarisierenden Geisteshaltungen ‚Ich gegen dich', ‚Ich gegen die', oder ‚Ich gegen die Welt' haben sich aufgelöst. So steht dir erstmals die Kraft des Zornes wirklich zur Verfügung.
Das Zentrum von allem ist unpersönlich, dort geschieht vollkommene Verschmelzung mit allem, ein Bewusstsein von Einheit. Das Zentrum von Zorn ist Liebe. Ich bitte Schüler immer wieder: Erkunde die Nahtstelle zwischen Zorn und Liebe. Denn im Denken gibt es diese Nahtstelle gar nicht, oder wenn es sie gibt, dann ist sie äußerst unscharf. In unserem scheinbar so logisch geschachteltem Denken, in dem es eine Vielzahl von Schachteln gibt, die voneinander getrennt sind, gibt es eine Schachtel mit der Aufschrift Zorn, die wird nur unfreiwillig geöffnet, denn Zorn ist böse – nicht gesellschaftsfähig, nicht herdentauglich, allenfalls allein im Auto, oder anonym an der Tastatur des Computers im *shitstorm* darf er in umnachtetem

Bewusstsein ungehemmt ausgelebt werden, dort wird er dann gesellschaftsfähig in der Herde der Zornigen. Eine andere Schachtel an einem weit entfernten, inneren Ort trägt die Aufschrift Liebe. Diese Schachtel kann das Ich gar nicht oft genug öffnen, es verspricht sich, hier das Ziel seiner Wünsche zu finden. Und ihr Inhalt weist nicht die Spur von Zorn auf.

F: Ich frage mich, wo hört Sanftmut auf, und wo fängt Scheinheiligkeit an? Oder wo hört Scheinheiligkeit auf, und wo fängt Sanftmut an?

OM: Zorn ist böse und Liebe ist gut. Der denkende Geist denkt seit Kindertagen so. Die Lehren des Enneagramms beschreiben an Punkt 9 auch den Beginn der Entstehung des denkenden Geistes und wie er durch sein urteilendes Denken Liebe lokalisiert: ‚Dort ist Liebe. Hier nicht.' ‚So ist Liebe. Aber so nicht.' Und insbesondere lehrt uns dieser Punkt, dass der Verlust von Liebe im Bewusstsein des Menschen in direktem Zusammenhang steht mit Unterdrückung, Betäubung und Vergessenheit der Kraft des Zornes. Und diese Liebe ohne Zorn, so lehrt uns exakt dieser Punkt des Enneagramms, wo in der höheren Oktave der Heilige zuhause ist, das ist der Mutterboden für Scheinheiligkeit. Jede Scheinheiligkeit, eines der größten Hindernisse auf dem inneren Weg[47], entsteht aus dem unwissenden Auseinanderdriften der Kräfte der Liebe und des Zornes. Ist der Zorn jedoch in der Liebe aufgegangen, so kann Sanftmut still erblühen.

ॐ

Der Zorn des rechten Augenblicks

F: Ich wollte wegen des richtigen Moments nachfragen, weil ich feststelle, dass ich in meinem Leben immer Entscheidungen getroffen habe mit einer Wut im Bauch. Und ich frage mich, ob das der richtige Moment ist, denn im Nachhinein bin ich unglücklich und stelle alles in Frage.

OM: Wann kommt die Wut? Was löst die Wut aus?

F: Wenn ich merke, dass ich mich einmal wieder verraten habe, oder mich schlecht behandeln lasse.

OM: Dies sind im Grunde Ausdrucksformen davon, dass du im rechten Moment nicht gehandelt hast. Das heißt, um bei diesem Beispiel zu bleiben, jemand hat dich schlecht oder respektlos behandelt, und du erlaubst einen natürlichen Impuls nicht, der in Handlung führen würde, einen Impuls von Zorn beispielsweise. Du verbleibst passiv, vielleicht verstummst du, vielleicht sprichst du das entscheidende Wort der Wahrhaftigkeit nicht aus, weil dir die Konfrontation und der Konflikt in dem Augenblick unangenehm sind, und so hast du wieder einmal dazu beigetragen, genau jenen Moment der rechten Handlung zu verpassen. Und dann kommt die Wut genau darüber, aber die Wut kommt zu spät. Ja, deine Wut hat einfach eine lange Leitung, oder sollte ich besser sagen, sie muss durch eine lange Leitung hindurch, bis sie das Licht des Bewusstseins erblickt? Es kann nicht sein, dass du in dem Moment, in dem du die Wut spüren müsstest, überhaupt nichts bemerkst, oder so tust, als wenn du nichts bemerkst. Zumindest bemerkst du nicht, dass du die Kontrolle über diese Kraft behältst und den Deckel darauf legst. Mit einer Zeitverzögerung von Stunden, Tagen oder Jahren kommt dann plötzlich eine unglaubliche Wut über diesen Moment vor langer Zeit. Das ist nicht der Weg des rechten Augenblicks, der uns lehrt, dass alles zur rechten Zeit geschieht.

F: Das heißt, es gibt auch den Zorn des rechten Augenblicks?

OM: Es gibt ihn, aber du lebst in kontinuierlicher Zeitverzögerung, in der du ständig den rechten Augenblick verpasst. Und dann kommt die Wut, die die Verzögerung wieder wettmachen will, das System unter Feuer setzt, und die innerhalb kürzester Zeit das wieder einholen möchte, was du drei Jahre lang verpasst hast. So bewegst du dich in Frequenzen von Verzögerung – und als Gegenbewegung – von zu großer Schnelligkeit. Aber du kannst Verzögerung deines Geistes nicht wirklich mit Beschleunigung deines Geistes wieder wettmachen. Es geht nicht darum, das Verpasste durch überhöhten Leistungsdruck und Beschleunigung zu kompensieren. In der Körperwelt im Leistungssport mag das noch funktionieren, nicht jedoch auf dem inneren Weg, auf dem Weg des rechten Augenblicks. Hier geht es u.a. darum, in diesem Augenblick die Wachsamkeit und Konzentration auf die rechte Handlung zu richten: die rechte Handlung des rechten Augenblicks. Wenn du gar nicht erst einen Moment verpasst, dann musst du auch nichts wieder gut machen, nichts kompensieren. Wir können und müssen auf diesem Weg im nach hinein nichts wieder gut machen. Wenn wir einen Moment verpasst haben, dann haben wir ihn verpasst. Wir können nicht im nach hinein versuchen, etwas in diesen Moment hineinzubringen, das wir in einem vorherigen verpasst haben. Er ist weg. Er kommt nie wieder. Konzentriere dich lieber auf diesen Moment und schau, was jetzt ist, was jetzt für ein Impuls da ist, was jetzt durch dich ausgedrückt werden möchte, was jetzt gesprochen werden möchte, und beschäftige dich nicht mit all den verpassten Chancen der Vergangenheit. Dann bist du im rechten Augenblick.

ॐ

In wessen Händen liegt der Zorn?

F: Ich nehme wahr, wenn Berührung da ist, dass der Geist daraus etwas macht, sich ergötzt und auch aufbläht, und dann kommt eine große Wut in mir. Ich frage mich dann, was ist das für eine Instanz, die wütend ist? Und es entsteht dann auch Zweifel, ob da jemand ist, der sich in diese Wut einmischt? Es ist die Frage: Wer ist da wütend?

OM: Das ist nicht Wut, das ist Zorn, und Zorn ist eine der Todsünden, und es sieht so aus, als wenn du eine gewisse Form der Verhaftung an diese Todsünde hast. Warum eigentlich? Wenn wir verstehen wollen, was die Todsünde des Zornes tut, dann lass uns etwas über die Wesenheit des Zornes in Erfahrung bringen. Zorn ist die zweite große, treibende Kraft des inneren Weges, und es liegt auf der Hand, dass es der Wesenheit des Zornes obliegt, etwas zu zerstören, und zu dieser Zerstörungskraft haben wir eine ganz natürliche Anziehung. Allerdings ist diese Anziehung zwiespältig, genauso zwiespältig wie der Zorn selbst.
Es gibt den *heiligen Zorn* und es gibt jenen *egoischen Zorn,* der zu den sieben Todsünden gerechnet wird. Was ist der Unterschied? Wenn du die Erfahrung machst, dass Zorn

Teil eines Leidensprozesses ist, dann sieht es so aus, als müsstest du noch sehr viel genauer hinschauen, was dieser Zorn eigentlich in dir macht und was er will. Er will etwas zerstören, das liegt in seiner Natur, aber die Frage ist doch, in welchen Händen liegt der Zorn? Und was geschieht, wenn Zorn, wenn das Schwert in den falschen Händen liegt und von falschen Herrschern geführt wird? Ich bin sicher, dass du Bilder assoziieren kannst, die du in Abbildungen, Filmen und Büchern gesehen hast, von gewalttätigem, egoischem Zorn, der im Auftrag des Ichs wütet, der sich in letzter Instanz immer gegen Gott richtet. Manchmal sieht es so aus, als richte er sich gegen das Leben, manchmal gegen den Tod, gegen die Liebe, alles kann zum Objekt dieses Ichhaften Zornes werden, aber letztendlich ist es immer Gott, selbst bei denen, die in ihrem Wachbewusstsein (was sie dafür halten) nicht an Gott glauben.

Wenn du also einen Zorn in dir trägst, dessen Absicht es ist, Gott zu zerstören, dann musst du dich bei Bewusstsein fragen, woher nimmst du eigentlich ein derartiges Recht, Gott zu zerstören? Und richtet es sich nicht tatsächlich gegen deine eigene Seele? Und weiter: Wer ist das, der Zorn nutzt, und ihn in eine falsche Richtung gelenkt hat? Das Wesen des Zornes ist unverändert, aber seine Richtung ist manipuliert worden und der Herr, dem er jetzt dient, ist ebenso ein anderer. Man kann also dem Zorn über seine zerstörerische Natur keinen Vorwurf machen, er ist so, wie er eben ist, und er ist so, wie es seiner Natur entspricht, aber es kann jemand daherkommen und diese Kraft nutzen und sie missbrauchen. Du schaust in die Welt und wirst beständig Zeuge davon, was geschieht, wenn die Kraft des Zornes in den falschen Händen liegt und auf diese Weise Gewalt entstehen lässt.

Und jetzt fragen wir uns, warum scheint Gewalt überhaupt attraktiv für das Ich? Irgendwas in dir findet ja auch Gewalt attraktiv. Ist es nicht so? Manchmal einfach so alles niedermetzeln, alles niedermähen, nur noch verbrannte Erde hinterlassen – das hat Kraft, das ist radikal, und da gibt es eine Anziehung für die große Kraft, die dieser Wesenheit innewohnt. Doch wer mit dieser Kraft spielt, der spielt tatsächlich mit dem Feuer, und wer mit dem Feuer spielt, der ist erstens noch ein Kind, und zweitens hat er die Dimension des Feuers nicht begriffen, die Gefährlichkeit nicht nur für die Menschen draußen, sondern gerade auch für die eigene Seele. Also, du scheinst eine gewisse Neigung zu haben, der Leidenschaft des Zornes zu dienen, und ich würde mal sagen, dass das Enneagramm als ein Instrument der Offenbarungen verborgener geistiger Welten genau das bestätigt. Es wäre zu einfach zu sagen, du solltest die Finger davon lassen, denn das würde dein Über-Ich missverstehen und in sein Kontrollsystem einbauen. Nein, es geht nicht darum, die Finger davon zu lassen, es geht darum, diese Kraft in den Entwicklungsimpuls zu integrieren. Das scheint ein Teil deiner Aufgabe zu sein.

F: Das bleibt noch abstrakt für mich. Was heißt das genau, die Kraft in den Entwicklungsimpuls integrieren?

OM: Also, du bist interessiert an der Kraft des Zornes?

F: Ja.

OM: Gut. Diese Kraft, die möchtest du haben und die brauchst du. Was du nicht brauchst und was du nicht brauchen kannst, ist der Dämon des Zornes. Es ist die Aufgabe deiner inneren Praxis herauszufinden, wie du aus dem Dämon des Zornes, der gewalttätig, rachsüchtig und in vielerlei unguter Form zerstörerisch ist, die eigentliche Essenz gewinnen kannst. Das ist ja die Frage eines jeden Alchimisten. Er ist an der Kraft interessiert, er ist an der Essenz interessiert. Und wenn du wissen willst, was die Essenz von Zorn ist, dann bist du bisher noch nicht in jener Tiefe angelangt, in der du dich aufhalten müsstest, um diese Essenz zu finden. Aber du bist auf dem Weg und alles das, was wir besprochen haben, kann dem Finden dieser Essenz dienen.

F: In jedem Fall geht es darum, sich von der Gewalt zu lösen, das ist ganz offensichtlich nicht die Essenz.

OM: Gewalt ist Überhöhung, auch Überhöhung über den Zorn. Nimm dieses Koan: ‚Wahre Herrscher dienen, wahre Diener herrschen' und bring das in Zusammenhang mit dem Finden der Essenz der Kraft, die du suchst.

ॐ

Das Handwerkszeug des Zorns

F: OM, ich habe heute Morgen gesehen, wie mein Geist versucht, mir Angst zu machen, mit ganz kindlichen Mechanismen, Gedanken. Es kam aber keine Angst auf, ich habe es gesehen, und stattdessen kam ein Zorn hoch. Ein starker Zorn darüber, dass ich meine kostbare Lebenszeit und Energie damit verschwende, solche Gedanken zu produzieren und ihnen zuzuhören. Der Zorn versucht sich im Außen zerstörerisch zu manifestieren. Wenn ich nach innen schaue, fühle ich aber keinen Zorn. Ich fühle ein starkes Festhalten im Bauch und gleichzeitig schnürt sich mein Herz zu. Ich merke das Bedürfnis, diesen Zorn loszulassen, aber ich weiß nicht, wie ich das tun kann, ohne dass gleichzeitig die Zerstörung sowohl in Außen als auch im Innen hochkommt.

OM: Du hast die Bedeutung von Zorn noch nicht verstanden. Eigentlich bist du ja auf der richtigen Spur, wenn du feststellst, dass du es dir nicht mehr erlauben kannst, dein Leben damit zu verschwenden, solchen Gedankenformen zuzuhören. Das macht dich zornig. Doch da du es noch nicht verstehst, die Bedeutung und den Wert des Zornes angemessen zu verwenden, verstrickst du dich mit dem Zorn. Ich habe während dieses Retreats des Öfteren Annamalai Swami[48] zitiert, und er hat einen bemerkenswerten Satz gesagt. Er sagte: „Sadhana is a battlefield." Das heißt übersetzt in mein Vokabular, dass Ringen um die Herrschaft des inneren Raumes, dass Innere Arbeit auf einem Schlachtfeld stattfindet. Das ist ja eine Aussage, die man von einem Inder aus dem Ramanashram erst einmal nicht erwarten würde. Und er sagt damit Folgendes: Ein gewöhnlicher Mensch ist ständig Angriffen des Geistes ausgesetzt und merkt es nicht einmal. Warum bemerkt er es nicht? Weil es die Selbstverständlichkeit seiner Ignoranz als seine Normalität angenommen hat. Er kennt nichts anderes, er lebt in einer veräußerlichten Welt, so dass die Kapazität seiner inneren Aufmerksamkeit stark begrenzt ist. Dass du überhaupt ein Verständnis davon hast, in irgendeiner Form angegriffen zu werden von Gedankenformen, das setzt ja bereits eine Unterscheidung zwischen Ich und Nicht-Ich voraus: Das, was mich angreift, das bin nicht ich. Wenn er also sagt, „Sadhana is a battlefield", dann meint er damit auch, dass du, wenn du angegriffen wirst von diesem unsichtbaren Gegner, dem irgendetwas entgegensetzen musst, anstatt dich als ein ständiges Opfer diesen Attacken auszusetzen. Dieser Opferkult ist auch nur eine Inszenierung deines Ichs.

Es braucht also ein inneres Handwerkszeug, welches du in Anwendung bringen musst, wenn eine derartige Attacke geschieht, und es braucht vor allen Dingen erst einmal deine Bereitschaft und deinen Willen dazu, es überhaupt zu tun. Teil dieses Handwerkszeugs, das Menschen auf dem inneren Weg gelehrt wird, ist der Zorn. Anstatt dass du dich also gedanklich mit dem Zorn verstrickst – was übrigens nur bedeutet, dass du nicht bemerkt hast, dass der Angriff sich fortsetzt – lerne ihn zu nutzen, lerne seine Kraft zu nutzen, um diesen Angriff zurückzuweisen. Dazu braucht es zunächst einmal eine Wertschätzung dieser Kraft gegenüber, die bisher in dir nicht ausreichend vorhanden ist. Deine bisherige Geisteshaltung erschöpft sich in der Vorstellung, du müsstest ihn irgendwie überwinden oder loswerden, was auf der feinstofflichen Ebene des Fühlens dazu geführt hat, dass du Zorn gar nicht, oder unzureichend fühlen kannst.

Jetzt kannst du lernen, Zorn auf rechte Weise zu nutzen, um dem inneren Gegner Einhalt zu gebieten. ‚Auf rechte Weise' will heißen ‚im Dienste deiner Selbst'. Dann er ist am rechten Platz, wenn er kommt, wenn du zornig bist über dich selbst, über deine eigene Naivität, die diesen Geschichten tagein, tagaus Gehör bietet. Du brauchst diesen Zorn. Dringend. Er wird vom Gegner zum Verbündeten und Diener deiner Selbst.

F: Es hört sich sehr gut an für mich. Auch zu hören, dass der Angriff sich dadurch fortsetzt, dass es in Gedanken weitergeht.

Und dass es um Wertschätzung geht, das kann ich gut hören. Danke.

ॐ

Die Erweckungskraft des Zorns

F: Ich spüre in der Stille in mir einen tiefen Zorn aufsteigen. Da ist ein Gefühl von Verlassenheit, und ein Mangel kommt hoch aus der Kindheit durch die Abwesenheit von meinem Papa. Und dann dachte ich, das geht noch weiter zurück bis nach der Geburt durch die Abwesenheit meiner Mutter. Und jetzt denke ich, dass ich dieses Gefühl von Getrenntheit eigentlich schon seit dem ersten Atemzug habe. Es macht mich richtig zornig. Der Zorn richtet sich eigentlich gegen Gott. Ich fühle mich so rausgeschmissen und auf eine Art ins Leben geworfen, ein Leben, das ich mit dem Gefühl von Getrenntheit und Mangel verbringen muss.

OM: Das heißt, du bist zornig darüber, dass du inkarniert bist.

F: Ja, und dass mich keiner gefragt hat. Und noch viel zorniger bin ich auf alles, was danach kam, weil es seitdem dieses unendliche Bemühen gibt, diesen Mangel zu füllen. Und ich habe mich so sehr bemüht. Ich habe Dich gehört, als Du im Darshan sagtest, dass Verbissenheit nichts ist, was man empfehlen kann. Das Verbissene ist erst dann groß geworden durch Zweifel.

OM: Verbissenheit ist in Wirklichkeit eine Form der Nichtachtung des Zorns, in der die Zorneskraft gebunden ist und dir deshalb nicht mehr zur Verfügung steht. Wenn du bezeugen kannst, dass, sobald du still wirst, Zorn aufsteigt, und dich dieser Zorn ein Leben lang begleitet hat, dann ist es jetzt an der Zeit, wo du genau diesen Zorn auch nutzen könntest, für dich und nicht gegen dich. Du hast es bisher nicht gelernt, diesen Zorn wirklich zu respektieren. Du siehst ihn bisher nicht als Erweckungskraft in seiner überpersönlichen Dimension, sondern er ist ein kindlicher Zorn, verflochten mit der geistig-emotionalen Geschichte von Bedürftigkeit und Mangel, die dich dazu verleitet hat, die Zähne zusammen zu beißen und gegen Gott und das Leben zu grollen. Eine gänzlich andere Möglichkeit könnte darin bestehen, dass dieser Zorn, der eigentlich ein Zorn über deine eigene Getrenntheit von dir selbst ist, zum inneren Feuer werden könnte, und dieses Feuer eine Erweckungskraft in sich trägt, die dir dienlich ist. Die Menschen leiden an bestimmten sich wiederholenden Gefühlen und verstehen es nicht, diese Gefühle oder die Kraft dieser Gefühle wirklich als Erweckungssignal zu verstehen und zu nutzen.

F: Aber wie kann denn dieser Zorn seine Erweckungskraft in mir entfalten?

OM: Wenn du erkennen kannst, dass du in Wirklichkeit zornig bist darüber, dass du den Zustand der Getrenntheit von dir selbst kultivierst, dann richte deine Aufmerksamkeit nur auf die reine Feuerkraft des Zornes, ohne dich um die Mangelgeschichte zu kümmern, und tue nichts weiter. Die Feuerkraft des Zornes wird sich ausbreiten, ausdehnen und das Herz erreichen. Sie wird den geistigen Mangelzustand ohne dein Zutun verbrennen, so dass er sich auf natürliche Weise wandelt. Erweckungskraft ist Wandlungskraft.

Wenn du, wie du es bisher getan hast, die Aufmerksamkeit auf die Geschichte richtest, mit der die Emotion verflochten ist, dann geschieht das dir Bekannte: Anstatt dass du Trauer und Schmerz fühlst, wirst du melancholisch, oder depressiv, anstatt dass du mit Zorn ins Feuer gehst, wirst du verbissen und grollst, anstatt das du Liebe fühlst, ver-liebst du dich und so weiter.
Du stehst jetzt an einem Punkt möglicher Wandlung, wo dieser Zorn zum Werkzeug deiner Selbst werden könnte. Da du ihn ja offensichtlich ohnehin nicht los wirst, ist es das Beste, was du tun kannst. Das Geheimnis ist, dass sich ein persönliches Gefühl, eingeflochten in eine persönliche Geschichte, zu einer unpersönlichen Kraft wandeln kann, in Falle des Zornes ist es das, was die Weisheitslehre als *Heiligen Zorn* bezeichnet. *Heiliger Zorn* besitzt eine immense Erweckungskraft im Bewusstsein des Menschen. Er verbrennt den schlafenden Zustand, in dem sich der Mensch befindet, der vergessen hat, wer er wirklich IST.

ॐ

Anmerkungen

1 Sri Aurobindo, Grundlagen des Yoga, Verlag: Sri Aurobindo Ashram, Sri Aurobindo Society; 14. Auflage 1969, S.103f

2 Guna m., Sanskrit; die drei Gunas => Tamas / Rajas / Sattva sind drei Grundeigenschaften, die allen Erscheinungen im Reich von => Maya eigen sind. Bei vollkommenem Gleichgewicht der drei Gunas tritt nichts in Erscheinung, bei gestörtem Gleichgewicht entstehen die Manifestationen der Schöpfung. Alle drei Gunas sind überall präsent, nur das Mischungsverhältnis ist unterschiedlich. Tamas tritt als Schwere, Trägheit bis zur Unbeweglichkeit in der Welt in Erscheinung (z.B. als Berg oder Felsblock), Rajas erscheint als Aktivität (z.B. als Erdbeben oder Vulkanausbruch), Sattva tritt als das Reine, Feine in die Welt (z.B. als Sonnenlicht). In der Evolution des Bewusstseins steht Sattva für die Möglichkeit, die unverfälschte Wirklichkeit zu erkennen, Tamas steht der Verwirklichung entgegen, und Rajas ist die Kraft, mit der Tamas gestärkt oder überwunden werden kann. Der an Erkenntnis interessierte Mensch muss durch bewussten und disziplinierten Einsatz von Rajas Tamas überwinden, um zu Sattva, der Erkenntniskraft, zu gelangen. In der konkreten Lebenserfahrung zeigen sich Tamas als Trägheit, Interesselosigkeit, Grobheit und Dummheit, Rajas als Aktivität, Ruhelosigkeit, Ungeduld, unbedachte Impulsivität, Sattva als Gelassenheit, wache Geduld, innere Stille, Frieden. Zum Erkennen des Selbst (=>Atman) muss auch Sattva transzendiert werden.

3 Ken Wilber dazu: „Wenn man ‚Erfahrung' im richtigen Sinne als ‚unmittelbare Wahrnehmung' verwendet, dann muss man der empiristischen Forderung unbedingt beipflichten, dass alle echte Erkenntnis ihre Grundlage in der Erfahrung, in Daten, in Evidenz haben muss." „Nur: Es gibt nicht nur sinnliche Erfahrung, sondern auch geistige und spirituelle Erfahrung." In: Das Wahre, Schöne, Gute; Krüger Verlag 1999, S.139. Im physischen Bewusstsein wird ‚Erfahrung' mit Sinneserfahrung gleichgesetzt, was die Bedeutung von ‚Erfahrung' auf dem Erkenntnisweg vollständig ignoriert. Eine wirkliche Erfahrung im Sinne der integralen Lehre kann von einem Menschen nur dann gemacht werden, wenn alle Stufen menschlicher Dreifaltigkeit von Körper, Geist und Seele beteiligt sind.

4 Sandra Maitri, Der Weg zurück zum Selbst, advaitaMedia 2009, S. 89

5 ananda m., Sanskrit; vollkommene und höchste Glückseligkeit, göttliche Glückseligkeit, frei von jeder sinnlichen Färbung, Zustand jenseits aller Gegensätze. Die Formulierung <sat-chit-ananda> im Vedanta beschreibt das Absolute, das SEIN: sat = Wahrheit, Wirklichkeit, Sein, die Seinsrealität des Universums; chit = reines Bewusstsein; ananda = s.o.

6 Sri Aurobindo, ebda. S. 103

7 Die drei Geistesgifte: Im Buddhismus sind dies Gier, Hass, Verblendung. In den Lehren des Enneagramms erscheinen sie als 3 Geistesbewegungen aus der stillen Mitte des Seins: Hin-, Weg- und Gegenbewegung. In diesem Buch geht es um das Erkennen der Vergiftung der reinen Zerstörungskraft, des Zorns, durch die Geistesbewegung GEGEN.

8 Claudio Naranjo, Erkenne dich selbst im Enneagramm, Kösel 2001, S. 48

9 David Shapiro, Neurotische Stile, Vandenhoeck&Ruprecht 1991, S. 47, 53

10 Sandra Maitri, Neun Portraits der Seele, J. Kamphausen, 1. Aufl. 2001, S. 222

11 Im absteigenden Bogen, einer kosmischen Abwärtsbewegung, wirken involutive Kräfte, eine energetische Zusammenziehung, welche in totaler Verdichtung endet. Beim Menschen bedeutet totale Verdichtung: Identifikation des formlosen Bewusstseins mit der dichtesten menschlichen Form, seinem physischen Körper. Das Allbewusstsein reduziert seine Identität auf den grobstofflichen Körper: „Ich BIN der Körper." vgl. dazu: OM C. Parkin, Intelligenz des Erwachens, advaitaMedia, 3. Aufl. 2019, S. 160

12 zitiert aus: Jürgen Werner, Die sieben Todsünden, DVA 1999

13 Sandra Maitri, Der Weg zurück zum Selbst, advaitaMedia 2009, S. 128

14 zitiert aus einem Brief von Paul H. vom 9.3.2020

15 nähere Ausführungen zum ‚Weg der Frommen' s. OM C. Parkin, Spirituelle Meisterschaft, advaitaMedia 2019, S. 219ff

16 Jean Gebser, Ursprung und Gegenwart, Erster Teil: Die Fundamente der aperspektivischen Welt. Beitrag zu einer Geschichte der Bewusstwerdung, S. 121

17 ebda. S. 121

18 Unter ‚Inneren Kampfkünsten' werden jene Kampfkunstformen zusammengefasst, die sich nicht mehr ausschließlich der Entwicklung äußerer, körperlicher Kampfkraft verschreiben, sondern der Manifestation und Entwicklung von Chi und innerer Kraft, sowie höherer Bewusstseinszustände.

19 Bruce Frantzis, Die Kraft der inneren Kampfkünste und des Chi, Windpferd 2010, S.434

20 ebda. S. 434

21 ebda. S. 50

22 Als besonders tragisches Beispiel sei die französische Revolution im Jahre 1789 genannt. Sie steht sinnbildlich auch für die folgenschweren Anmaßungen der Aufklärung an sich, die bis in die heutige Zeit wirksam sind. Beginnend als eine aufklärerische Bewegung, die die ‚Flamme der Vernunft' hochhielt, führt sie den Kampf gegen die ‚Feinde der Revolution' mit stetig zunehmender Gewalt. Als sich der höchstwahrscheinlich an Punkt 1 zornfixierte Anwalt Maximilien Robespierre im Jahre 1793 an die Spitze der Bewegung setzt, beginnt eine selbstgerechte Schreckensherrschaft im Namen des Guten, der Ideale der Revolution: liberté, egalité, fraternité. Freiheit, Gleichheit, Brüderlichkeit. Die Guillotine tötet Tausende und der Kampf gegen die (unaufgeklärten) Christen führt dazu, dass Prozessionen verboten, Kirchen geschlossen, Glocken eingeschmolzen und Altäre umgeworfen werden. Vielleicht eine der abstrusesten Höhepunkte des Allmachtsanspruchs der Aufklärung besteht hier in der Umbenennung der berühmten Kathedrale Notre Dame in Paris zum ‚Tempel der Vernunft'.

23 zitiert aus einer „Ode an die Kraft", zugesandt von einer Schülerin im März 2019

24 Darshana n., Sanskrit, Hindiform: Darshan: ‚das Göttliche in der Form sehen' – bezeichnet in der Regel das Zusammentreffen mit einem verwirklichten Lehrer, der Wahrheit offenbart.

25 s. dazu: OM C. Parkin, Intelligenz des Erwachens, „Die Macht der Masse", 1. Aufl., S. 240ff

26 s. dazu: ebda. S. 138, 304

27 Der spirituelle Weg ist ein Vereinigungsweg; alle Gegensätze lösen sich letztlich in der Heiligen Hochzeit auf. Dieser fundamentalen Gesetzmäßigkeit des inneren Weges ist Sri Aurobindos Werk ‚Integraler Yoga' gewidmet. Ausführlich dazu s. OM C. Parkin, Spirituelle Meisterschaft, advaitaMedia 2019, ‚Integraler Yoga', S. 229 ff

28 Gewalt - der Begriff wird in den verschiedenen Darshan-Auszügen verschieden verwendet. Die jeweilige Bedeutung ergibt sich aus dem Sinnzusammenhang (der Verständnisebene). Göttliche Ge-walt, das Walten Gottes (Shakti) ist reine Kraft, gewaltig, eins mit Liebe, niemals aber gewaltsam oder gewalttätig. Letzteres ist Ausdruck und damit Kennzeichen des Ego-Zorns, des Missbrauchs der angemaßten göttlichen Zerstörungskraft durch ein Ich, was die Liebe ausschließt.

29 Die Große Ordnung: Synonym für die Göttliche Ordnung; Ken Wilber nennt sie auch ‚die große Kette des Seins'.

30 Nähere Ausführungen zu dieser Trias s. OM C. Parkin, Intelligenz des Erwachens, 3. Aufl. 2019, S.29, 343f

31 Erste Inkarnation: ebda. S. 195f

32 no-mind (engl.): Dieser Begriff bezeichnet den scheinbaren Widerspruch eines Geisteszustandes, in dem der denkende Geist abwesend ist – ein ‚geistloser' Zustand reiner Intelligenz. Er beschreibt den natürlichen Zustand der Meditation ohne einen Ich-Gedanken.

33 s. OM C. Parkin, Spirituelle Meisterschaft, advaitaMedia 2019, S. 219 ff

34 s. auch: OM C Parkin, Die drei Geistesgifte und ihre Überwindung auf dem Weg zum Selbst, www.om-science.de, Mediathek

35 nähere Ausführungen zum Konzept des bewussten Leidens s. OM C. Parkin, Intelligenz des Erwachens, 1. Aufl. 2010, S. 116, 147, 153

36 sangha (Sanskrit) m.: Gruppe, Gemeinschaft; hier: spirituelle Gemeinschaft von Menschen, die sich der letzten Erkenntnis verpflichtet fühlen

37 Selbsterforschung: Große Selbsterforschung (nach OM C. Parkin) ist die Erforschung der wahren Natur des Menschen, z.B. mit Hilfe der Frage „Wer bin ich?", wie sie von Ramana Maharshi gelehrt wurde. Kleine Selbsterforschung ist die Erforschung der menschlichen Persönlichkeit, der Charakterfixierung, z.B. mit Hilfe des Enneagramms, also die Erforschung dessen, was der Mensch in Wahrheit nicht ist.

38 nähere Ausführungen zur Rationalisierung s. OM C. Parkin, Intelligenz des Erwachens, 3. Aufl. 2019, S. 180ff

39 Der italienische Literaturnobelpreisträger Elias Canetti hat ein Buch über die Macht der Masse geschrieben (Masse und Macht, S. Fischer Verlag 1980). Auch wenn er hier als ‚Masse' die äußere Masse von Menschen erforscht, so lassen sich seine tiefgründigen Aussagen durchaus auch auf das innere Prinzip der Masse, auf die geistige Welt übertragen. So nennt Canetti als ‚Eigenschaften der Masse' u.a.:
1. Die Masse will immer wachsen – „Ihrem Wachstum sind von Natur aus keine Grenzen gesetzt." Der Geist, welcher auf das Prinzip Masse setzt, will sich vergrößern, eigene Macht vergrößern, während er natürliche Grenzen nicht anerkennt, oder nur bedingt anerkennt.
2. Innerhalb der Masse herrscht Gleichheit – „Sie ist absolut und indiskutabel und wird von der Masse selbst nie infrage gestellt. ... Um dieser Gleichheit willen wird man zur Masse. Was immer davon ablenken könnte, wird übersehen." Canetti deutet mit dieser Aussage auf das so effiziente Erfolgskonzept der Macht durch Masse: Seine Primitivität. Eine innere Selbstreflexion, gar eine Selbstinfragestellung ist unerwünscht, denn sie spaltet die Macht der Masse, macht innerlich ‚ungleich' und schwächt sie dadurch.
3. Die Masse liebt Dichte – „Sie kann nie zu dicht sein. Es soll nichts dazwischenstehen, es soll nichts zwischen sie fallen, es soll möglichst alles sie selber sein." Die Verdichtung der Kraft in der Masse ist ein wesentliches Merkmal der Bewusstseinsbeschränkung des Menschen im Zustand des physischen Bewusstseins (s. S. 28), jenem tamasischen Zustand der Ersten Inkarnation, in dem der Mensch noch sehr stark durch die Körperidentität bestimmt ist. Diese unbewusste Dichte ist nicht zu verwechseln mit der bewussten Verdichtung der Aufmerksamkeit, welche der innere Mensch als Kraft der Konzentration entwickelt. (Alle Zitate aus: Elias Canetti, Masse und Macht, S. Fischer Verlag, S. 30) s. auch: Kapitel ‚Bequemlichkeit' S. 50ff: Experiment des New Yorker Sozialpsychologen Solomon Asch

40 Sri Aurobindo, Grundlagen des Yoga, Verlag: Sri Aurobindo Ashram, Sri Aurobindo Society; 14. Auflage 1969, S. 108

41 sattvischer Geist – s. hierzu OM C. Parkin, Intelligenz des Erwachens, advaita Media, 3. Aufl. 2019, S. 21

42 Sri Aurobindo, ebda. S. 107

43 s. Kapitel ‚Scheinheiligkeit', S. 144ff

44 zitiert aus: DER SPIEGEL vom 28.02.2015, Das Morgen-Land, S. 23: Zitat Ray Kurzweil

45 Die drei Urkräfte in der Kosmologie des Enneagramms sind die Kraft der Erschaffung, die Kraft der Erhaltung und die Kraft der Zerstörung, z.B. im Hinduismus Brahma, Vishnu und Shiva zugeordnet. Diese Kräfte des objektiven Enneagramms treten im (subjektiven) Enneagramm der Charakterfixierungen für das sterbliche Ich als (verlorene!) Liebe, Angst und Zorn in Erscheinung.

46 „In dem Worte ‚ratio', das sowohl ‚rechnen', wie ‚berechnen' im Sinne von ‚denken' und ‚Verstand' bedeutet, ist das Hauptcharakteristikum der perspektivischen Welt enthalten: die Gerichtetheit, die Perspektivität und damit aber auch die sektorierende Teilung." Zitiert aus: Jean Gebser, Ursprung und Gegenwart, Erster Teil, S. 126

47 s. Kapitel über Scheinheiligkeit in OM C. Parkin, Spirituelle Meisterschaft, advaitaMedia 2019, S. 224ff

48 Annamalai Swami (1906-1995) war ein direkter Schüler von Ramana Maharshi, der das Selbst realisierte, indem er jahrzehntelang Selbsterforschung mit der Frage ‚Wer bin ich?' praktizierte. Seine Teachings gab er in einfacher, direkter Sprache. Die durch David Godman überlieferten ‚Final Talks' dieses weisen advaita-Lehrers erscheinen im Verlag advaitaMedia

Der Autor

OM C. Parkin

Weisheitslehrer, Mystiker, innerer Wissenschaftler, Begründer und Leiter einer internationalen Schule für Innere Arbeit

Er ist ein Mensch, der den Erwachensweg bereits gegangen ist, ein Weiser, der die Pfade zu letzter Erkenntnis und auch die Sackgassen kennt – ein spiritueller Meister. Er lehrt, den inneren Lehrer zu entdecken und zu hören, und begleitet interessierte Menschen bei ihren Schritten auf dem Weg zum eigentlichen Wesenskern, dem SELBST. Er gibt seine Erkenntnis des Absoluten und die Präsenz des stillen Geistes in Form von Darshans weiter, in denen er auch Fragen beantwortet.
Er studierte Psychologie, brach das Studium aber nach drei Jahren ab, da es ihm keine wirklichen Einsichten über die Natur des Menschen vermittelte und weil ihm das Zusammensein mit seinem Sufilehrer fruchtbarer erschien. Später lernte er in der mündlichen Tradition die Lehren des Enneagramms. Im Jahre 1990 erlitt er mit 27 Jahren einen schweren Autounfall, überschritt die Schwelle des Todes und erwachte ichlos zu neuem Leben. Kurz danach begegnete er seiner spirituellen Lehrerin Gangaji, die ihm half, seine Wandlung, die die alltägliche Erfahrungswelt sprengte, zu verarbeiten. Sie schickte ihn zu ihrem advaita-Lehrer H. W. L. Poonja, einem direkten Schüler von Ramana Maharshi, der ihm den spirituellen Namen OM gab.
OM C. Parkin lehrt seither in Wort und Schrift, indem er in spirituellen Veranstaltungen (Darshan, Retreats und Vorträgen) Menschen bei ihrer Suche nach Wahrheit und Selbsterkenntnis begleitet. Er hat in den 90er Jahren die erste größere deutschsprachige Mysterienschule der Jetztzeit ins Leben gerufen, deren Sitz seit 2010 das moderne Kloster Gut Saunstorf – *Ort der Stille* ist. Zudem ist OM C. Parkin Autor einer Vielzahl von Büchern, Schriften und Artikeln.

OM C. Parkins spirituelle Lehre, von ihm auch als Innere Wissenschaft bezeichnet, gründet sich einerseits auf die östliche advaita-Tradition (Lehre der Nicht-Dualität), bekanntester Vertreter im Westen ist Ramana Maharshi), fußt andererseits auch auf westlichen Erfahrungswegen (z.B. Christliche Mystik, Georges I. Gurdjieff: Der Vierte Weg) und auf modernen psychologisch-psychotherapeutischen Methoden. Ziel ist Selbsterkenntnis durch Innere Arbeit, die letztlich in die Erkenntnis der wahren Natur des Menschen mündet.

OM C. Parkin: „*Im innersten Herzen der Religionen des Ostens (advaita, zen u.a.) finden wir die reifsten Früchte der Philosophie des SEINS. Das Mysterium der Auflösung der Welt. Die spirituelle Kultur des Westens hat das Wissen über die Evolution des Bewußtseins hervorgebracht, die Philosophie des Werdens. Die höchste Lehre ist die Vereinigungslehre, welche die Pfade der Liebe und der Wahrheit vereint (kleine Hochzeit) und das SEIN mit dem Werden (Große Hochzeit). So vereinigt sich in höchster Erkenntnis das, was niemals getrennt war.*“

www.om-c-parkin.de

ॐ

Enneallionce

School for Inner Work

Im Jahre 1995 gründete OM C. Parkin die *Enneallionce – Schule für Innere Arbeit,* um Schülern des inneren Weges zunächst die Kosmologie des Enneagramms zu vermitteln und auf dieser Grundlage Innere Arbeit zu lehren. Seitdem hat sich die Innere Schule zu einer integralen Schule lebendigen Wissens weiterentwickelt. In ihr verbindet sich die universelle Essenz der Weisheitstraditionen mit den Erkenntnissen moderner Tiefenpsychologie. Sie lehrt den Schüler, die Spuren seines Geistes zu lesen und begleitet ihn auf seinem Weg der Heilung, Entfaltung und Selbsterkenntnis.

„Eine Mysterienschule ist eine Universität der Seele. An diesem Ort erwerben Schüler des Weges die Fähigkeiten, die sie benötigen, um die verschiedensten inneren Landschaften auf dem Weg zu höchster Erkenntnis durchschreiten zu können."

OM C. Parkin

Bei Interesse an weiteren Informationen über die Mysterienschule, die von OM C. Parkin und Lehrern der Enneallionce geleitet wird, kontaktieren Sie bitte:

Tel: +49 (0)38424 22 97 37
Email: info@enneallionce.de
www.innere-schule.de

OM-STIFTUNG

INNERE WISSENSCHAFT

Die 2019 in Hamburg gegründete *OM-Stiftung Innere Wissenschaft* macht es sich zur Aufgabe, die Verbreitung tiefer Weisheitslehren zu fördern, Suchenden die Zusammenkunft mit spirituellen Lehrern zu ermöglichen und grundlegend das Verständnis Innerer Wissenschaft zu vermitteln.

Aus der stillen Tradition kommend, versteht es der Initiator OM C. Parkin, der gelebten östlichen advaita-Lehre die westliche christliche Mystik gegenüber zu stellen und so der zeitlosen integralen Weisheitslehre, der philosophia perennis, aus der Quelle zu dienen.

Dem eigenen Herzen nah sein in feuriger Begegnung verbunden mit der Weltenseele – willkommen zuhause!

Bei Interesse an der *OM-Stiftung Innere Wissenschaft*, dem Autor OM C. Parkin und seinen Initiativen kontaktieren Sie bitte:

Tel: +49 (0)40 511 47 36
Email: office@om-science.com
www.om-science.com

Gut Saunstorf - Ort der Stille

Das moderne Kloster.

Seit dem Jahr 2010 existiert Gut Saunstorf in der Nähe von Wismar als klösterlicher Ort der Stille um den spirituellen Lehrer OM C. Parkin. Wunsch und Ziel war es, OMs Lehre und Wirken an einem Ort zu zentralisieren und der wachsenden spirituellen Gemeinschaft eine Heimat zu geben.

Er versteht sich als Einladung an alle, die Stille finden und in innerer Einkehr das wahre Selbst entdecken wollen. Ein sakraler Ort: Großzügig in seiner äußeren Erscheinung, zurückgezogen auf sein wesenhaft Innerstes.

Auf Gut Saunstorf realisiert sich die Vision eines geistig-spirituellen Zentrums, das frei ist von religiösen Bindungen, in dem sowohl westliche als auch östliche Weisheitslehren und Heilmethoden gelehrt und angewandt werden. Hier ist der Ort, an dem Suchende OM C. Parkin in Darshan begegnen, ob als aktive Schüler oder als Stille suchende Gäste in innerer Einkehr.

Die Initiativen von OM haben auf Gut Saunstorf ihre Heimat gefunden. *Die Enneallionce – School for Inner Work* bietet zahlreiche, öffentliche Veranstaltungen, sowie fortlaufende Gruppen für Schüler an.

Die *OM-Stiftung Innere Wissenschaft* steht für die Organisation von Darshan, Retreats, Konferenzen und viele weitere Veranstaltungen, die zu einem großen Teil auf Gut Saunstorf stattfinden. Als internationales Zentrum nimmt das *Kloster Gut Saunstorf* Veranstaltungen von spirituellen Lehrern aus aller Welt auf und verbindet Gemeinschaften über alle Grenzen hinweg.

Hier finden Sie weitere Informationen:
www.kloster-saunstorf.de

OM C. Parkin
Angst –
Die Flucht aus der Wirklichkeit

advaitaMedia,
Hardcover, 171 Seiten
ISBN: 978-3-936718-35-5

Angst

Die Flucht aus der Wirklichkeit

Band I der Trilogie „Die spirituelle Dimension des Enneagramms"

Fast alle Menschen leiden unter Angst. Um sie zu vermeiden wird nach Sicherheit gesucht, die uns in ein inneres Gefängnis führt. Hier wird aber nicht nur das Bedrohliche vermieden, sondern vor allem die Angst selbst. So wird sie zu einem monströsen Feind, dem wir nie ins Auge geschaut haben.

Angst: Was ist das denn überhaupt? Nach einer einführenden Betrachtung der Energie von Angst im Spiegel des Enneagramms schreibt OM C. Parkin darüber in einem grundlegenden Essay aus der Sicht der Weisheitslehre. Er öffnet die Augen für das, dem wir auf der Flucht den Rücken gekehrt haben. Statt dorthin zu flüchten, wo keine Angst ist, empfiehlt er, sich der Angst zu stellen und sie zu erforschen.

Im zweiten Teil werden in zahlreichen Darshan-Ausschnitten Gespräche zwischen OM C. Parkin und Schülern wiedergegeben, die der Erforschung der Angst dienen. Angst rückt aus dem Dunkel der Vermeidung und Verheimlichung ins Licht des Bewusstseins. Nur so wird das möglich, was das eigentliche Ziel des Suchenden ist: ein Leben ohne Angst.

advaita media

www.advaitamedia.com

OM C. Parkin
Spirituelle Meisterschaft
Lehrer und Schüler auf dem inneren Weg

advaitaMedia
Hardcover, 361 Seiten
ISBN: 978-3936718-55-3

Spirituelle Meisterschaft

Lehrer und Schüler auf dem inneren Weg

Der Autor bietet tiefgründige Anleitung für den ernsthaft interessierten Menschen des spirituellen Weges an. Präzise und mit unbestechlicher Unterscheidungskraft beschreibt er unter anderem die kollektiven ‚Löcher' in der Entwicklung des abendländischen Bewusstseins und mit welch gravierenden Missverständnissen ein Suchender deshalb zu rechnen hat. Missverständnisse und Unwissenheit darüber, was ein spiritueller Meister überhaupt ist (existiert in unserer Kultur praktisch nicht), darüber, wie die Natur des inneren Weges beschaffen ist und darüber, was unter ‚wahrem Menschsein', ‚Heilung' und ‚Wachstum' eigentlich zu verstehen ist. Große Unwissenheit zeigt sich im Geist westlicher Suchender häufig auch, wenn es um die Bedeutung verbindlicher Schülerschaft auf dem inneren Weg geht.

Der Meister transzendiert alle relativen Wahrheiten und gibt die Sicht auf die Eine, die absolute Wahrheit frei. Eine wahrhaft radikale Wegweisung!

advaita media

www.advaitamedia.com

OM C. Parkin
Intelligenz des Erwachens
Die spirituelle Neugeburt des Menschen

3. aktualisierte und erweiterte Auflage

advaitaMedia,
Hardcover, 544 Seiten
ISBN 978-3-936718-19-5

Intelligenz des Erwachens

Die spirituelle Neugeburt des Menschen

OM C. Parkin ist ein in Deutschland lebender spiritueller Meister, der die östliche Lehre der Nicht-Zweiheit mit westlicher Tiefenpsychologie und Elementen von Gurdjieffs Viertem Weg verbindet. Er steht für eine Spiritualität, die alle Aspekte des Menschseins integriert, und den Menschen dadurch bereit macht, die Frage „Wer bin ich?" zu stellen.

Intelligenz des Erwachens ist ein Lehrbuch zur Erkenntnis des SELBST durch das Gehen des inneren Weges und das Studium der Ewigen Philosophie. OM C. Parkin erläutert darin die Grundlagen des Befreiungsweges, den ein verinnerlichter Mensch jenseits konfessioneller Bindung in diesem Leben gehen kann, um das Wissen um seine wahre Natur zu erlangen. In vier Kapiteln werden die Grundpfeiler dieses Pfades, das Studium des Geistes, das Verständnis des Leidens, des inneren Weges selbst und der Lehrer des Weges, ausführlich dargestellt.

„Dieses Buch beantwortet Fragen, die viele spirituelle Sucher sich stellen; es sind auch meine Fragen. Ich bin aufgerufen, mit offenem Herzen und offenem Geist diesen genialen Ausführungen zu folgen – dann öffnen sich Türen und ich sehe: Es geht um mich! Mein Forschergeist, meine Neugier, mein Wunsch zu verstehen werden belohnt. Dieses Buch ist von einzigartiger Kraft, die im tiefsten Inneren einen Eindruck hinterlässt. Ich halte etwas Kostbares in meinen Händen."

C.W. – eine Leserin

advaita media

www.advaitamedia.com

Sandra Maitri
Der Weg zurück zum Selbst
Das Enneagramm der Leidenschaften und Tugenden

advaitaMedia,
Hardcover, 319 Seiten
ISBN: 978-3-936718-15-7

Der Weg zurück zum Selbst

Das Enneagramm der Leidenschaften und Tugenden

Sandra Maitri beschreibt umfassend die Leidenschaften – im christlichen Kontext als Todsünden bekannt – und die ihnen entsprechenden Tugenden, die den Weg zum Selbst, dem wahren Wesen des Menschen, weisen.

Die Leidenschaften sind die vom Ego gespeisten emotionalen Zustände, die unser Leben so leicht beherrschen, wie zum Beispiel Zorn, Stolz und Angst. Diese Leidenschaften in unserer Erfahrungswelt zu erforschen und zu verstehen, kann uns in den Bereich jenseits der Persönlichkeit führen. Dort entstehen ganz natürlich die Tugenden wie Gelassenheit, Wahrhaftigkeit und Mut, die die zwanghaften und reaktiven emotionalen Muster der Leidenschaften ersetzen. An diesem Übergang von den Leidenschaften zu den Tugenden zeigt sich innere Entwicklung, die in vollständiger Selbsterkenntnis gipfelt.

Sandra Maitri ist bekannt als eine der fundiertesten und gründlichsten Autorinnen des Enneagramms. Sie ist Lehrerin der spirituellen Schule „Diamond Approach to Inner Realization" (A.H. Almaas) und lehrt das Enneagramm im breiteren Kontext spiritueller Entwicklung in den USA und Europa.

David Godman
Papaji
Nichts ist jemals geschehen
Band III

advaitaMedia,
Hardcover, 638 Seiten
ISBN: 978-3-936718-57-7

Papaji

Nichts ist jemals geschehen
Band III

Hariwansh Lal Poonja, heutzutage von vielen Schülern „Papaji" genannt, lebte im indischen Lucknow. Durch seine dynamischen Übertragungen wurden sich Menschen, die zu ihm kamen, der unpersönlichen Realität, die der Welt und allen phänomenalen Erlebnissen zugrunde liegt, bewusst. Mit diesem Band schließt sich die Trilogie vom Leben und Wirken Papajis. Nach der Beschreibung seiner späteren Auslandsreisen, erfahren wir Geschichten der Anhänger, die ihn in den 70er und 80er Jahren in Indien getroffen haben. Nach den Auszügen aus seinen persönlichen Tagebüchern folgen ausführliche Erklärungen von Papaji, wie die Beziehung zwischen Guru und Jünger funktioniert.

„Papaji besaß eine überaus charismatische und kraftvolle Präsenz. Seine Persönlichkeit war gefühlsbetont und widersprüchlich. Das machte sein Leben und seine erleuchtenden Antworten unvorhersehbar. Mit seinen Taten und Worten konnte er einem den Teppich wegziehen, auf dem man sich gerade wohlig niedergelassen hatte, und an ihm blieb nichts, woran man sich hätte festhalten können." Mukti De Coux Poonja (Tochter von Papaji)

advaita media

www.advaitamedia.com